事例で学ぶ
学校の安全と事故防止

添田久美子/石井拓児
[編著]

ミネルヴァ書房

はじめに

　平成20年6月に「学校保健法」が「学校保健安全法」と改正されたことにも象徴されているが，学校が「安全」で「安心」な場所であることが，学校の最重要条件として求められている。

　そうしたなか，愛知教育大学教職大学院では，平成20年開設のときから，現職教員を対象とした「学校づくり」（学校経営）履修モデルの授業のなかで，「学校安全と危機管理」を重要な課題のひとつとして取り組んできた。というのも，「学校づくり」の現職院生は，現任校において「校務主任」を担う人が多く，愛知県では，この「校務主任」の役割は非常に重く，まさにミドルリーダーとして学校運営に関わる位置づけであるため，自ずと現職院生の関心が施設設備の安全管理を越えて，学校全体の「安全」に向かうためである。

　授業は，裁判事例や事故事例を取り上げ，現職院生との討論を中心に展開していった。その討論では，現職院生は，裁判で学校の責任が問われている行為が何か，そのどこが問題なのか，学校・教師の認識と裁判で示される認識の乖離・ズレがあるのか，をこれまでの経験や現任校の事例をあげながら，熱心に検討していた。現職院生には，20年近い教育実践のなかで，幸い事故にはつながらなかった類似する経験も少なくなく，「他人事とは思えない」，「ちょっと違っていたら事故になったかも」との思いがあるのであろう。

　こうした授業実践を通して，「学校づくり」担当である私たち教員は，学校現場にとって，より参考となる，あるいは，警鐘となる事例を選択し，授業で提示するように努めてきた。本書は，そうした事例を取り上げたものである。

　また，こうした現職院生との学びのなかで，私たちは現職院生の感想からあることに気づいた。さまざまな事例を取り上げて討論するなかで，必ずと言っていいほど現職院生から，「若手の先生はそこまで気がついていないのでは」という意見とともに，「職員会議などで事故情報は伝えて注意喚起している」という意見が出される。現在学校では，事故報道のたびに各学校で注意喚起が行われ，安全に関するさまざまな校内研修が実施されている。しかし教職経験の浅い教師には，情報として得ていても，実際の教育活動場面へと結びつける過程が十分でな

いのではないかということを私たちは再認識したのである。

　事故情報をより日々の教育活動に引き付けるためには，「どんな事故が発生したか」，たとえば，「休み時間に窓から転落して2年生女子児童が死亡した」というだけではなく，「どのような場所で」，「何をしているときに」，「教師や他の児童はどうしていたのか」といった一連のストーリーが必要である。そして，教師自身が危険回避のポイントを認識したところで，次に児童生徒に「あぶないから気をつけましょう」ではなく，「どのように具体的に指導するのか」を自ら考えることが大切である。このことは，「学校安全の推進に関する計画」でも大きな柱として位置づけられている「安全教育」で目指されている「児童生徒が危険に気づき，自ら危険を回避する行動がとれる」という目標を達成することに非常に役立つことでもある。そこで本書では，こうした初任者や教職大学院のストレートマスターなど教職経験の浅い教師が学べるように，なるべくストーリーをもって事例を提示するとともに，「学ぶポイント」と「考えるポイント」を明記した。

　以上のことから，本書には，2つの特徴がある。

　まず，さきに言及したように本書の誕生の経緯から，学校現場にとって，より参考となる，あるいは，警鐘となる事例を選択したという点である。「考えるポイント」は校内研修などのワークショップで活用することを意図して提示している。あくまでも事例の選択の視点は，判決の動向分析やその評価ではなく，学校における教育実践においた。そのため，学校事故の判例として，よく取り上げられる判例を本書では挙げていない場合もある。

　もうひとつの点は，事例の分析に基づいて，予防や指導について学習者自身が，学んだり考えたりすることができるように，「学ぶポイント」と「考えるポイント」を設定し，さらに学習を深めるために，それぞれのポイントについて解説や資料の提示を行っているという点である。教職経験の浅い教師でも本書の順にそっていけば，必要な知識や情報を得ることができ，さらに「考えるポイント」では，より広い視野で学校安全を考えることができる。

　「学校安全の推進に関する計画」（平成24年閣議決定）のなかの「3-(1)学校安全計画の策定と内容の充実」で，「全ての学校において安全の中核となる教職員等が一定水準の知識や資質を備えること」が望まれ，目指される。そして，都道府県や市町村による研修だけでなく，「教員免許状更新講習」の必修領域におい

てもより充実して取り組む必要があるとしている。

　さらに，学生に対しても「②教職を志す学生への学校安全教育」と項を挙げて，「学校安全に関する知識技能の修得」の必要を説き，教員養成課程などにおいて「最新の動向」を学ぶ取組みを検討するよう求めている。

　私たちは，本書が，このような教員養成課程の学生から中核となる現職教員まで幅広く教師の学校安全に関する学びの一助となることを願っている。

事例で学ぶ学校の安全と事故防止　目　次

は じ め に

序　章　学校の安全を再考する

1　学校の安全と法 …………………………………………………………………… 2
　（1）学校安全を学ぶ意義 … 2
　（2）「学校保健安全法」… 3
　（3）教師の法的責任 … 5
　（4）施 設 設 備 … 6
　（5）児童生徒同士が関わる事故 … 7
　（6）安全確保・配慮 … 7

2　統計からみる近年の学校事故の概要 ………………………………………… 10
　（1）統計からみることの意義 … 10
　（2）死亡事故の特徴 … 10
　（3）障害事故の特徴 … 13
　（4）負傷・疾病の特徴 … 19

第1章　授業時間中に…

1　普通教室における授業での事故 ……………………………………………… 27
　　事例1　授業中のいたずらによる障害事故（裁判事例）… 27

2　特別教室における授業での事故 ……………………………………………… 29
　　事例2　理科実験中の火傷事故（裁判事例）… 29

3　体育館における体育授業中の事故 …………………………………………… 33
　　事例3　跳び箱落下死亡事故（裁判事例）… 33

4　プールにおける体育授業中の事故 …………………………………………… 36

目　次

　事例4　プールでの飛び込み指導中の事故（裁判事例）… 36
　事例5　東山台小学校プール事故 … 39

授業中の事故を統計から考える ……………………………………………………… 42

第2章　休憩時間に…

1　子ども同士の偶発的事故 ………………………………………………………… 47
　事例1　教師不在の体育館での事故（裁判事例）… 47
　事例2　鉄パイプ野球ゲーム事故（裁判事例）… 50

2　子ども同士のトラブルによる事故──特別な支援が必要な児童 …………… 52
　事例3　ダウン症児の学校内被害事故（裁判事例）… 52

3　子ども同士のトラブル──ナイフ等の持ち込みによる ……………………… 54
　事例4　埼玉県立高校同級生刺殺事件（裁判事例）… 54
　事例5　長野県立高校刺殺事件（裁判事例）… 54

第3章　給食の時間に…

1　食物アレルギーによる事故 ……………………………………………………… 59
　事例1　そばアレルギーによる死亡事故（裁判事例）… 59
　事例2　チヂミ給食アレルギー事故 … 62

食物アレルギーへの学校の対応を統計から考える ………………………………… 67

2　食べ物による窒息事故 …………………………………………………………… 70
　事例3　給食白玉団子による窒息事故（係争中）… 70
　事例4　給食プラムによる窒息事故 … 71

第4章　登下校の間で…

1　交　通　事　故 …………………………………………………………………… 75
　事例1　亀岡市登校時交通事故（係争中）… 75
　事例2　児童が起こした自転車事故（裁判事例）… 80

交通事故の統計から考える……………………………………………… 82

　2　転 落 事 故 ……………………………………………………………… 84
　　事例3　児童生徒の転落事故 … 84

　3　転 倒 事 故 ……………………………………………………………… 86
　　事例4　児童の転倒事故 … 86

第5章　部活動で…

　1　熱中症による事故 ………………………………………………………… 91
　　事例1　ラグビー部練習中の熱中症死亡事故（裁判事例）… 91

　　熱中症による死亡事故統計から考える……………………………………… 95

　2　柔道における事故 ………………………………………………………… 97
　　事例2　中学校の柔道事故（裁判事例）… 97
　　事例3　中学生柔道部員死亡事故 … 100

　　部活動における死亡事故の発生確率から考える ………………………… 101

第6章　校外の活動で…

　1　校外学校行事における水難事故 ………………………………………… 105
　　事例1　浜名湖ボート転覆事故（裁判事例）… 105

　2　校外学校行事における転落事故 ………………………………………… 107
　　事例2　遠足転落死亡事故（裁判事例）… 107
　　事例3　男子生徒　落下岩直撃 … 109

　3　校外学校行事における下見や緊急時などの危機管理ポイント ……… 110
　　（1）下見について … 110
　　（2）当日の引率 … 110
　　（3）事故発生時の対応 … 110
　　（4）事故後の対応 … 111

第7章　施設設備を見直す

1　転　落　事　故 …………………………………………………………… 117
事例1　図書館の窓からの転落事故（裁判事例）… 117
事例2　屋上の天窓落下（裁判事例）… 119

2　遊具による事故 ……………………………………………………… 121
（1）瑕疵による事故 … 121
事例3　ロープ遊具柱折れ … 121
（2）固定遊具からの転落による死亡または重大事故 … 123
事例4　固定遊具からの転落事故 … 123
事例5　回旋塔遊具指切断 … 124

天井等落下について統計から考える ……………………………………… 125
事例6　体育館照明の落下 … 125
事例7　窓サッシ落下 … 127

第8章　自然災害時に…

1　地震・津波 ……………………………………………………………… 131
（1）東日本大震災の教訓 … 131
（2）津波からの避難 … 132
事例1　石巻・日和幼稚園バス送迎事故（裁判事例）… 132
事例2　大川小津波犠牲事故（係争中）… 133

2　大雨・洪水・暴風・雷 ……………………………………………… 135
事例3　サッカー試合中の落雷事故 … 135
事例4　野球試合中の落雷事故 … 135

終　章　学校の安全と危機管理

1　危機管理の観点 ………………………………………………………… 140

2　学校安全に関する資料 ………………………………………………… 143

（1）学校安全に関する指針や通知 … 143
（2）文部科学省の報告書等 … 144
（3）関連サイト … 145

序　章
学校の安全を再考する

1 学校の安全と法

（1）学校安全を学ぶ意義

　学校が安全・安心な場所であることは，子どもの成長発達を保障するための最も重要な絶対条件のひとつである。しかし，子どもの身体に障害を残すような事故や，さらに深刻な場合には子どもの生命が脅かされるような重大な事例も発生している。このようなことがひとたび起こってしまえば，子どもの成長発達の可能性が閉ざされてしまうことにもなりかねない。また，学校が安全・安心だと感じることができなければ，そもそも子どもは学校に通うことができなくなってしまうし，保護者もまた子どもを安心して送り出すことができなくなる。

　多くの保護者は大事な子どもの安全が，学校においては確保されていることを当然のことと考えているし，学校と教師を信頼している。学校安全についてすべての教師が十分な知識と理解を持っていることは，学校と教師にとって前提条件のひとつであると言っても過言ではない。

　多くの教師は，日々，子どもたちと向き合い，子どもたちの安全に配慮しながら教育活動を行っている。にもかかわらず学校事故は少なくない規模で起きている。成長途上にある子どもたちと心と体をぶつけあいながら行われる学校教育活動にあって，すべての事故を完全に根絶することはとうてい不可能であろう。

　しかしながら，過去の事例に学び，普段から事故の発生可能性・危険性を予測し，未然に防止するための手だてをしっかりと講じるならば，重大な事故の発生を限りなくゼロに近づけることができる。また，もしも万が一，重大な事故が発生してしまった場合にも，適切な対処によってケガの程度をできる限り軽くすることもできるだろう。

　教師になりたいと考えるみなさんは，うまく授業ができるようになりたいと考えている人も多いだろう。子どもとうまく関係をもちたいと考える人もいる。学校安全の在り方についても，同じくらいの熱意をもって関心を寄せてほしい。

　また，ミドルリーダーとして学校をリードしていく教師にあっては，自らが安全に配慮するだけではなく，学校全体が，すべての教職員が，安全に配慮した豊

かな教育活動が行うことができるように，学校安全の改善を図ってほしい。

（２）「学校保健安全法」

　学校の安全についての法令では，「学校保健安全法」が主となる。本法は，「学校保健法」が平成20年6月に改正され，改称されたものである。改正の趣旨は，学校の安全と学校給食の指導と衛生管理の充実を図ることであり，また，その責務の在りどころを明記したことにある。学校安全に関する事項は以下の4点である。

① 学校安全に関する事項
(1) 学校安全に関する設置者の責務（第26条）　⇒設置者の責務
　学校の設置者が，学校における，事故，加害行為，災害等による児童生徒等に生ずる危険の「防止」や危険等発生時における「適切に対処」を行うことができるように，学校の「施設・設備の管理・整備充実」の措置を講ずるよう努めなければならない。

(2) 学校安全計画の策定（第27条）　⇒学校安全計画
　学校は，施設及び設備の「安全点検」，児童生徒等に対する「安全に関する指導」，「職員研修」，その他学校における安全に関する事項について計画を策定し，これを実施しなければならない。

(3) 学校環境の安全の確保（第28条）　⇒安全点検
　校長は，当該学校の施設又は設備について，支障があると認めた場合には，遅滞なく，その改善を図るために必要な措置を講じる。当該措置を講ずることができないときは，当該学校の設置者に対し，その旨を申し出る。

(4) 危険等発生時対処要領の作成（第29条）　⇒避難・対応マニュアルと訓練
　1　学校は，当該学校の実情に応じて，危険等発生時において当該学校の職員がとるべき措置の具体的内容及び手順を定めた「危険等発生時対処要領」を作成すること。
　2　校長は，「危険等発生時対処要領」の職員に対する周知，訓練等必要な措

置を講ずること。
3　学校は，危害が生じた場合において，当該児童生徒等及び当該事故等により心理的外傷その他の心身の健康に対する影響を受けた児童生徒等その他の関係者の心身の健康を回復させるため，必要な支援を行うこと。

② 学校安全計画
(1)「学校安全の推進に関する計画」(平成24年　閣議決定)

「学校保健安全法」に基づいて，各学校における学校安全に係る取組を総合的かつ効果的に推進するために，5年間（平成24年度～28年度）にわたる基本的方向と具体的な方策を策定したものである。

同計画の「三　学校における安全に関する組織的取組の推進」は，以下の5点から構成されている。「学校安全計画」の課題と方針として，「その内容を充実させるため，それぞれ具体的な記述が必要である」こと，「PDCAサイクルを確立していく中で，より効果的な学校安全活動を充実させる必要がある」こと，「ISSの認証取得の取組」が挙げられている。

三　学校における安全に関する組織的取組の推進
　（一）　学校安全計画の策定と内容の充実
　（二）　学校における人的体制の整備
　（三）　学校における安全点検
　（四）　学校安全に関する教職員の研修等の推進
　（五）　危険等発生時対処要領の作成と事件・事故災害が生じた場合の対応

---

(2) 学校安全計画の具体

「学校安全計画」の全体計画とは，学校経営案に記載する学校安全に関する全体的な計画のことである。学校の「教育目標」に基づいて，「安全教育の目標」を立て，めざす児童像等を示し，「生活安全」「交通安全」「災害安全」等に分けて指導方針を明記する。また，それに関連した安全管理や校内研修についても併せて記載する。

「年間安全指導計画」とは，「学校安全計画」全体計画にそって，毎月の安全指導の目標のもと，学校安全の構成項目ごとに，「年間安全計画の項目」を記載して，学校全体の指導の系統性・整合性を図るものである。

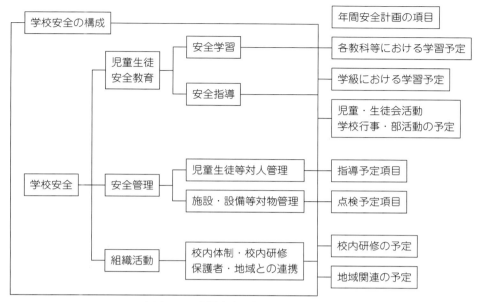

図序-1　学校安全の構成と計画の項目

　各都道府県，市町村がこれらについて，事例を示しているので参考にするとよい。

（3）教師の法的責任

　民事責任，刑事責任，公務員としての処分の3点の責任が問われる可能性がある。

① 民事責任

　この場合問われる民事責任とは，民法709条「故意又は過失によって他人の権利又は法律上保護される利益を侵害した者は，これによって生じた損害を賠償する責任を負う」及び民法710条による損害賠償責任である。事故に関わった教師に，故意または過失による「不法行為責任」が，その使用者には，民法915条の使用者責任が問われることとなる。

　しかし，公務員である教員が学校事故において不法行為があり，「損害賠償」を求められた時には，「国家賠償法」が適応される。

　「国家賠償法」1条「国又は公共団体の公権力の行使に当たる公務員が，その職務を行うについて，故意又は過失によつて違法に他人に損害を加えたときは，

国又は公共団体が，これを賠償する責に任ずる」と定められている。これによって，教師を雇用している国，または公共団体が賠償責任を負うこととなり，教師個人が責任を負うことはない。ただし，同条2項で，教師に故意または重過失があった場合には，教師に対して，国，または公共団体が求償することができる。

　私立学校の教師の場合には，児童生徒（または保護者）と学校（学校法人）が「在学契約」を結んでいるため，安全配慮義務違反があって事故が起こったときには，学校に対して，民法415条による「債務不履行」に基づく損害賠償が求められる。また，教師に故意または過失による「不法行為責任」が，さらに，公立学校の教師と同じく，学校法人には使用者責任も問われる。

② 刑事責任

　この場合問われる刑事責任とは，体罰などの違法行為による場合を別として，学校の通常の教育活動で起こった事故では，注意義務違反があり，また，注意義務違反と結果との間の因果関係があると認められた場合，刑事責任が発生する。刑法211条「業務上必要な注意を怠り，よって人を死傷させた者は，5年以下の懲役若しくは禁錮又は100万円以下の罰金に処する」により，「業務上過失致死傷等」に問われることになる。

③ 公務員としての処分

　「地方公務員法」29条「…条例，地方公共団体の規則若しくは地方公共団体の機関の規程に違反した場合」，「職務上の義務に違反し，又は職務を怠った場合」，「全体の奉仕者たるにふさわしくない非行があつた場合」にあたると判断されると，当該教育委員会から懲戒処分として，「戒告」，「減給」，「停職」，「免職」の処分がなされる。たとえひとりの教職員が対象となる処分であっても，校長等は管理責任を問われることも多い。処分については，都道府県教育委員会等が，処分基準等が示している。

（4）施設設備

　学校の施設・設備の管理や整備に問題があって事故が発生し，児童生徒だけでなく，その他の人であっても，ケガなど被害を被った場合にも，「国家賠償法」2条「……公の営造物の設置又は管理に瑕疵（かし）があつたために他人に損害

を生じたときは，国又は公共団体が，これを賠償する責に任ずる」が適応される。
　私立学校においては，民法717条「工作物等の責任」により，学校法人が損害賠償責任を負う。

（5）児童生徒同士が関わる事故

　学校事故では，児童生徒間で発生する事故の件数は非常に多い。教師が直接関わったものではない場合でも，教育活動のなかで発生し，安全配慮義務違反があった場合には，さきに言及したように，教師，学校の設置者に責任が問われることがある。
　加害児童生徒については，民法709条により責任を負うが，判例を見ると，12歳以下であれば責任能力がないとされることが多い。しかし，民法714条に「監督する法定の義務を負う者は，……損害賠償する責任を負う」とある。保護者がその監督・教育する義務を負っている（民法820条）ので，その義務を果たしていないと判断された場合には，子どもに代わって賠償責任を負うことになる。子どもに責任能力があるとされた場合でも，保護者に具体的な監督義務違反があると判断されると，保護者が子どもとは別に，賠償責任を負うことがある。

（6）安全確保・配慮

　判例などにより，学校は，信義則上，児童生徒の安全に配慮すべき注意義務を負うものとされている。実際の教育活動のなかで配慮を行うのは教師であり，その教師の義務の範囲についてが問題となる。判例では，「教育活動及びこれに密接不離の生活」についてのみ義務があるとされている。そのため，事故が発生した時間帯，授業中であるかその他の時間帯であるのかによって異なることになる。
　さらにその内容・程度については，「予見可能性」，「回避措置」によって異なる。「予見可能」であるかどうかは，当該の教師自身が予見していたかあるいは，予見できたかではなく，社会的状況のなかで一般的な教師が「予見」できたかが問題となる。危険が予見可能であった場合，それの危険を防ぐための回避措置を考え，その措置をとったかが問われる。もしとっていなければ，「過失」があったと判断される。
　「予見可能性」や「回避措置」の内容は，一定のものがあるのではなく，その

危険性や事故についての社会的認識や情報・知識の周知の程度によって変わっていく。たとえば，「熱中症」や「落雷」などの事故では，近年その危険性について社会的認識は深まり，対策や回避する方策についての情報が得やすくなっている。当然，以前に比べ，教師の予見可能性や回避措置について内容・程度は大きくなる。

趣旨

学校保健及び学校安全の充実を図るとともに，学校給食を活用した食に関する指導の充実及び学校給食の衛生管理の適切な実施を図るため，国が学校の環境衛生及び学校給食の衛生管理等に関する基準を策定するとともに，養護教諭，栄養教諭その他の職員の役割について定める等所要の措置を講ずる。

概要

学校保健法の一部改正（学校保健・学校安全）
○法律の題名を「学校保健安全法」に改称
○国・地方公共団体の責務（財政上の措置その他の必要な施策の実施，国による学校安全の推進に関する計画の策定等）を明記
○学校の設置者の責務（学校の施設設備・管理運営体制の整備充実等）を明記

【学校保健】
○養護教諭を中心として関係教職員等と連携した組織的な保健指導の充実
○地域の医療関係機関等との連携による児童生徒等の保健管理の充実
○全国的な学校の環境衛生水準を確保するための全国的な基準の法制化

【学校安全】
○子どもの安全を脅かす事件，事故及び自然災害に対応した総合的な学校安全計画の策定による学校安全の充実
○各学校における危険発生時の対処要領の策定による的確な対応の確保
○警察等関係機関，地域のボランティア等との連携による学校安全体制の強化

学校給食法の一部改正（食育・学校給食）
○学校給食を活用した食に関する指導の充実
・食育の観点から学校給食の目標を改定
（食に関する適切な判断力の涵養，伝統的な食文化の理解，食を通じた生命，自然を尊重する態度の涵養 等）
・栄養教諭による学校給食を活用した食に関する指導の推進
（食に関する指導の全体計画の策定，地場産物の活用）
○学校における学校給食の水準及び衛生管理を確保するための全国基準の法制化

施行期日 平成21年4月1日

図序-2 学校保健法等の一部を改正する法律の概要

出所：文部科学省HP。

序　章　学校の安全を再考する

2　統計からみる近年の学校事故の概要

（1）統計からみることの意義

　今日の「学校安全」は「生活安全」「交通安全」「災害安全」から構成されている。そのなかでも近年，2点に焦点が当てられ「学校安全」が語られる傾向にある。ひとつは2001年に起きた大阪教育大学附属池田小学校事件以降の不審者を想定した「防犯」を中心とした「学校安全」である。もうひとつは2011年3月11日に起きた東日本大震災以降の地震などの自然災害を対象とした「防災」を中心とした「学校安全」である。
　しかし，近年の「リスク」の理論と分析手法を用いた研究によって，インパクトの強い報道等で多くの人々の認知することとなった「不審者対策」や「防災」以上に，通常の学校における教育活動のなかで発生している事故に対する安全対策がなされていないという研究結果が出され，注目が集まりつつある。[1]そこでは，緊急に対応すべき学校事故とは何であるのかを分析し，限られた学校安全の資源を，学校管理下において発生確率の高い部分に優先的に配分することが求められている。
　そして，効果的に学校事故を防止するためには，学校事故に対する数字に基づいたエビデンス[2]から見えてくる実態を明らかにする必要がある。その基礎作業として，学校管理下における児童生徒等の死亡事故，障害，負傷・疾病について，「独立行政法人日本スポーツ振興センター」が刊行した平成21年度から平成25年度までの資料を用いて，その特徴と傾向を明らかにしたい。

（2）死亡事故の特徴

　平成20年から平成24年までに起こった死亡事故の発生件数の推移を概観するに，2つの特徴が読み取れる。ひとつは，小学校よりも中学校・高等学校において学校事故における死亡が確認されることである。もうひとつは，発生件数の半数が突然死によって死亡しているということである。

2 統計からみる近年の学校事故の概要

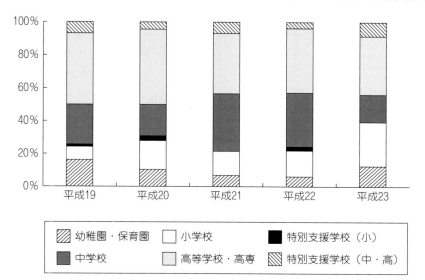

図序-3　学校種別学校事故死亡発生件数の推移
出所：独立行政法人日本スポーツ振興センター『学校の管理下の災害〔平成25年版〕』
および『学校の管理下の災害』-22, -23, -24, -25をもとに作成。

表序-1　学校種別学校事故死亡発生件数の推移

	平成19	平成20	平成21	平成22	平成23
幼稚園・保育所	12	7	5	5	6
小学校	6	12	11	13	13
特別支援学校（小）	1	2	0	2	0
中学校	18	13	26	27	8
高等学校・高専	32	31	27	32	17
特別支援学校（中・高）	5	3	5	3	4
計	74	68	74	82	48

出所：図序-3に同じ。

① 中学校・高等学校における死亡事故の割合

　子どもの心身の発達の未熟さから年齢が低いと死亡事故が多くなるのではないかという予想に反し，データでは，中・高に学ぶ生徒の死亡事故が過半数の割合を示しており，小学校以下に学ぶ児童の死亡事故を大幅に上回っている（図序-3）。さらに，中・高のなかでも，高等学校における死亡事故が中学校における死亡事故数を上回っている（表序-1）。

② 死亡事故に占める突然死の割合

　次に，死亡事故に占める突然死の多さに注目したい。突然死は，WHO（世界保健機関）で「発症から24時間以内の予期せぬ内因性（病）死」と定義している。

表序-2　死亡事故における突然死の割合

	平成19	平成20	平成21	平成22	平成23
幼稚園・保育所	66.67	85.71	80.00	80.00	33.33
小学校	50.00	83.33	27.27	46.15	69.23
中学校	50.00	30.77	53.85	40.74	50.00
高等学校・高専	40.63	48.39	55.56	43.75	47.06
計	48.53	55.56	52.17	45.45	56.25

出所：図序-3に同じ。

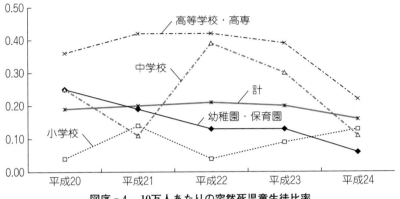

図序-4　10万人あたりの突然死児童生徒比率

出所：図序-3に同じ。

　一方，独立行政法人日本スポーツ振興センターでは，突然死を「突然で予期されなかった病死」と定義している。そして，死因によって3系列に分類されている。①急性心機能不全（心臓麻痺），急性心不全，急性心停止，心筋梗塞，狭心症，心室細動，心筋炎，急性循環不全などの心臓系疾患による突然死，②クモ膜下出血，脳梗塞，脳静脈洞血栓症など特別な外因が見当たらない頭蓋内出血（運動，競技中，入水中のものも含む。）をともなう中枢神経系疾患による突然死，③乳幼児突然死症候群，急性呼吸不全など血管系その他の突然死，に分類される。

　乳幼児に関しては，近年，突然死の減少の傾向が見うけられるが，学校管理下の死亡事故の約半数が突然死である（表序-2）。

　学校事故における突然死に関して，学校種があがるにつれて発生率が増加傾向にある。**図序-4**は10万人あたりの突然死数（突然死発生件数を独立行政法人日本スポーツ振興センターの災害共済給付制度加入者数で除した突然死の発生率）である。年度によってばらつきはあるが，高等学校・高等専門学校における発生率が下級学校の発生率よりも増加傾向にあることを読み取ることができよう。

　突然死は，教科，特別活動，学校行事，課外指導，休憩時間，通学中とあらゆ

2 統計からみる近年の学校事故の概要

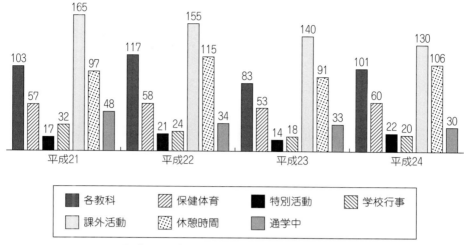

図序-5 学校管理下の場合別の障害発生件数

出所：独立行政法人日本スポーツ振興センター『学校の管理下の災害〔平成25年版〕』および『学校の管理下の災害』-23, -24, -25をもとに作成。

る学校の場面で発生している。これらを防止するためには，体に疾患がある生徒のみでなく，日頃からすべての児童生徒に対しての健康管理・指導を行い，特に体育的活動においてはすべての活動において健康状態の変調等を観察し，異常が見られたら迅速に対応する等，教師やスポーツ指導者に高い資質を求められる。

（3）障害事故の特徴

　平成21年度から平成24年度までの学校管理下で起こった場合別の障害発生件数（図序-5）および，平成24年度の災害共済給付制度の給付対象事例をもとに作成された場合別障害の詳細をあらわした**表序-3**から以下の4点の特徴が読み取れる。

①　課外指導において障害の発生率が高く，特に学校種が高くなるにつれて障害発生件数が増加している。
②　各教科の障害発生件数のうち半数以上が体育授業中に起こっている。
③　休憩時間における障害事故は小学校において発生件数が多く，中学校，高等学校と学校種別が上級になるにつれて低くなる傾向にある。
④　学校種と障害種別に関係性が認められる。

序　章　学校の安全を再考する

① 課外指導における障害事故の発生率

　図序-5からわかるように，圧倒的に発生件数が高い場面は課外指導である。また，各教科の障害発生件数のうち半数以上が体育の時間に起こっている。体育的な活動時に障害の発生率が高いことが読み取れる。

　体育授業中における障害発生の具体的な競技種目に着目すると，サッカー・フットサル，水泳，ソフトボール，バスケットボール，持久走・長距離走，柔道の時間に障害の発生が集中している。また，課外指導における具体的な競技種目は，野球，サッカー・フットサル，テニス，バスケットボール，ラグビーなどが挙げられる（表序-3）。

　障害発生件数の多い野球に関する事故内容に目を向けると，捕球ミスなどの「主に自分の技術の未熟さや行動による事故（主として，自分自身の行動等に要因があるもの）」や，他者の投げた予期せぬボールに当たるなどの「主に外の生徒の行動や施設・用具等にかかわる事故（主として他人や環境等に原因があるもの）」など，基礎的な技術習得が不十分な背景から起因するものが多数を占めている。

　課外指導においては，学校種が高くなるにつれて障害発生件数が増加していることも特徴に挙げられる（図序-6）。

　圧倒的に高等学校の課外指導における障害事故発生件数が多く，その次に中学校と続き，小学校の発生件数は極端に少ない傾向にある。

　中学校では，部活動が正規の教育課程に位置づくことにより活動時間が延び，それに伴い障害事故の発生件数が増加したことと考えられる。さらに，初めて本格的に種目に取り組むこと，技術が未熟なことや集団的競技への不慣れなこと，そして生徒のなかに発育急進期を迎えたものとそうでないものが混在することが[3]障害事故の背景になっていると考えられる。

　高等学校における障害事故発生件数が中学校よりも多い原因として，対外試合や合同合宿の参加機会が増えることによる行動範囲の広域化が挙げられる。また，部活動の指導者も専門性を有する者が配置され，専門的なトレーニングで生徒の基礎的な技術・基礎体力の獲得が行われる一方で，勝利至上主義の長時間にわたる部活動は，疲労の増幅や注意力の低下につながり障害事故発生件数の増加を支えていると考える[4]。

② 休憩時間における障害事故の発生率

　障害事故が，体育的な活動中の次に多く起こる場面は「休憩時間」である。図

2 統計からみる近年の学校事故の概要

表序-3 学校の管理下の障害の発生件数（平成24年度）

場合	競技種目	小学校	中学校	高等学校・高等専門学校	特別支援学校 小	特別支援学校 中	特別支援学校 高	幼稚園・保育所	総計
各教科等	体育（保健体育） 水泳	3	1	2					6
	鉄棒運動	1							1
	跳箱運動	4							4
	マット運動	1	2	1					4
	短距離走		1						1
	持久走・長距離走		1	3		1			5
	走り高跳び		1	1					2
	投てき		1						1
	ドッジボール	1							1
	サッカー・フットサル	2	2	2					6
	ソフトボール		3	2					5
	バレーボール		1						1
	バスケットボール			5					5
	卓球		1						1
	バドミントン		1	2					3
	球技（その他）		1						1
	柔道		1	2					3
	スキー	1							1
	準備・整理運動	1	1	2					4
	体操（組体操）	3							3
	縄跳び	1							1
	その他	1							1
	小　計	19	18	22	0	1	0	0	60
	図画工作（美術）	3	1						4
	理科		2	1					3
	家庭（技術・家庭）			2					2
	工業			2					2
	総合的な学習の時間			1					1
	自立活動					1	2		3
	その他の教科	7		3			2		12
	保育中							14	14
	各教科　計	29	21	31	0	2	4	14	101

序　章　学校の安全を再考する

場合		競技種目	小学校	中学校	高等学校・高等専門学校	特別支援学校			幼稚園・保育所	総計
						小	中	高		
特別活動（除学校行事）	学級（ホームルーム）活動		4	3						7
		ドッジボール		1						1
	給食指導		3							3
	日常の清掃		4	2	1					7
	その他		2	2						4
	特別活動　計		13	8	1	0	0	0	0	22
学校行事	その他儀式的行事		2							2
	文化的行事				2					2
	運動会・体育祭	短距離走	1							1
		サッカー・フットサル		1						1
		その他	1							1
	競技大会・球技大会	サッカー・フットサル			3					3
		ソフトボール			1					1
		その他		1						1
	その他健康安全・体育的行事		1	2						3
	遠足		2							2
	その他集団宿泊的行事		1	1						2
		スキー		1						1
	学校行事　計		5	5	10	0	0	0	0	20
課外指導	体育的部活動	水泳			1					1
		鉄棒運動			1					1
		体操（その他）			3					3
		短距離走			1					1
		走り幅跳び			1					1
		サッカー・フットサル		5	14					19
		テニス（含ソフトテニス）		4	2					6
		ソフトボール		1						1
		野球（含軟式）		14	44					58
		バレーボール		4	2					6
		バスケットボール		3	2					5
		ラグビー			5					5
		卓球		3						3

2 統計からみる近年の学校事故の概要

場合		競技種目	小学校	中学校	高等学校・高等専門学校	特別支援学校			幼稚園・保育所	総計
						小	中	高		
課外指導	体育的部活動	バドミントン		2	2					4
		ホッケー			4					4
		柔道		1	1					2
		剣道		1	2					3
		レスリング			2					2
		自転車競技			2					2
		小　計	0	38	89	0	0	0		127
	文化的部活動				3					3
	課外指導　計		0	38	92	0	0	0	0	130
休憩時間	休憩時間中		29	12	3					44
	昼食時休憩時間中		17	6	2		1			26
	始業前の特定時間中		11	3	1					15
	授業終了後の特定時間中		9	5	7					21
	休憩時間　計		66	26	13	0	1	0	0	106
寄宿舎にあるとき			0	0	2	0	0	0	0	2
通学中	登校（登園）中		1	4	8					13
	下校（降園）中		8	2	7					17
	通学中　計		9	6	15	0	0	0	0	30
総　計			122	104	164	0	3	4	14	411

出所：独立行政法人日本スポーツ振興センター『学校の管理下の災害〔平成25年版〕』。

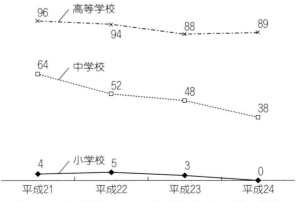

図序−6　課外指導における学校種別障害事故発生件数

出所：図序−5に同じ。

序　章　学校の安全を再考する

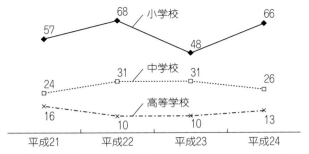

図序-7　休憩時間における学校種別障害事故発生件数
出所：図序-5に同じ。

序-7により，休憩時間においては学校種が低いほど障害事故の発生件数が多いことがわかる。

　この傾向は，小学生の行動の特徴に起因する。小学生は，休憩時間において以下の状況に当てはまる場面で注意力散漫の状態に陥る。このような場面での注意力散漫の状態に，筋力やバランス感覚などの運動能力の未熟さや，思考力・判断力などの未熟さが影響し多くの障害事故を発生させている。

　① 授業の後など児童生徒が解放されたとき。
　② 休憩時間での遊びなどで興奮状態にあるとき。
　③ 休憩時間の教室やグループごとの活動など教師の目が届かないとき。
　④ 休憩時間に校庭に出たり，特別教室等へ移動したりするとき。

　中学校における休憩時間中に発生した障害事故の内容としては，「遊び」や「けんか」，「ふざけ合い」が中心的な原因になっている。中学生は，思春期が始まり身体的にも心理的にも子どもから大人への移行期にあたる。力が強くなるなど身体的な成長と，精神的な部分の未熟さのギャップとから，自分たちの行動がどのような結果を招くかという危険予測が不十分な状態を作り出し障害事故の発生につながっている。

　高等学校における休憩時間に発生した障害事故の内容に関して，「遊び」や「けんか」「移動中の事故」，さらに，「機器・用具のセッティング」および「片付け」などによるものが挙げられる。高校生は思春期後期にあたり，精神構造も落ち着いており，運動機能もピークに近づく時期であり，これまで培ってきた動きの基礎が大きく発展する時期であり，中学生や小学生よりも休憩時間における障

害事故が少なくなっていると考えられる。

③ 学校種と障害種別の関係性について

　学校種と障害事故種別との間に特徴的な関係が確認できる。以下の**表序-4**を参照されたい。障害の種別は，歯牙障害，視力・眼球運動障害，精神・神経障害，外貌・露出部分の醜状障害の発生件数が上位を占めている。

　歯牙障害，視力・眼球運動障害，精神・神経障害に関しては，学校種が上級になるに従って発生件数が多くなり，外貌・露出部分の醜状障害に関しては，学校種別が低くなるに従い発生件数が多くなる傾向を確認できる。小学生における外貌・露出部分の醜状障害の要因は，発生事例から内容をみるに転倒・転落などが多くを占めており，前に紹介した注意力散漫の状態に陥る小学生の行動の特徴に起因するものである。中学校，高等学校と学校種が上がるに従い，心身ともに成長し注意力散漫の状態になりにくくなるとともに，外貌・露出部分の醜状障害が減少の傾向にあるといえる。なお，幼稚園・保育所に関しては，ほぼ保育中に障害事故が発生しており，その大半が外貌・露出部分の醜状障害である。乳幼児は，頭部が大きく重いため転倒，転落を起こしやすく，障害事故の約7割が首から上の部位に集中している。

（4）負傷・疾病の特徴

　最後に，負傷・疾病の全体的傾向を確認しておこう。『学校の管理下の災害-22　―基本統計―』を刊行以降その傾向に大きな変化がないため最新版の『学校の管理下の災害〔平成25年版〕第二編』における統計資料を用いることとする。

　学校の管理下で発生した件数を比較すると，小学校では，41万3,551件，中学校では39万5,875件，高等学校では，25万372件と，小学校の方が件数が多い。

① 発生場面

　学校種別にどのような場面で負傷・疾病が発生しているかが，図序-8である。さきに指摘したように，小学校においては「休憩時間」に最も多く，中学校・高等学校（高等専門学校を含む）では，「課外指導」が最も多い。

序　章　学校の安全を再考する

表序-4　学校種と障害種類の関係（発生件数）

年　度	平成21			平成22			平成23			平成24		
	小学校	中学校	高等学校	小学校	中学校	高等学校	小学校	中学校	高等学校	小学校	中学校	高等学校
歯牙障害	15	29	54	27	24	52	18	18	56	11	22	44
視力・眼球運動諸害	14	42	42	23	44	45	17	32	36	28	28	45
精神・神経障害	8	9	26	11	11	22	6	13	23	7	10	20
外貌・露出部分の醜状障害	60	23	25	55	15	7	29	10	9	51	19	15

出所：図序-5に同じ。

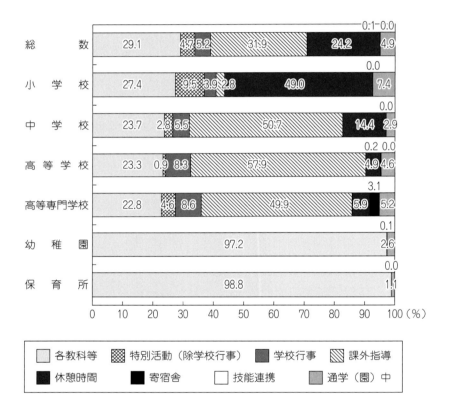

図序-8　負傷・疾病における場合別発生割合
出所：独立行政法人日本スポーツ振興センター『学校の管理下の災害〔平成25年版〕』

2 統計からみる近年の学校事故の概要

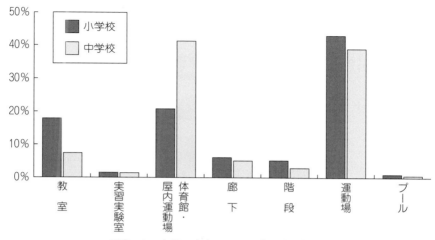

図序-9 負傷・疾病における場所別発生割合

出所：独立行政法人日本スポーツ振興センター『学校の管理下の災害〔平成25年版〕』データをもとに作成。学校における校舎内・校舎外のそれぞれの発生件数を分母とした。

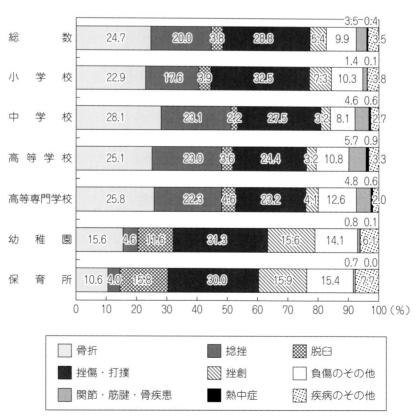

図序-10 負傷・疾病における種類別発生割合

出所：図序-8に同じ。

序　章　学校の安全を再考する

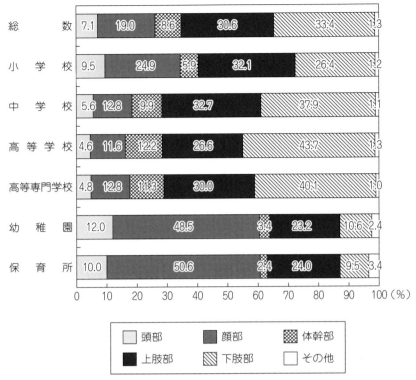

図序-11　負傷・疾病における部位別発生割合
出所：図序-8に同じ。

② 発生場所

中学校では，運動場，体育館等での発生率が高い。小学校ではこれに加え教室での発生率が高い。中学校では，さきに指摘したように，部活動などの課外活動が，運動場，体育館で行われるため，そうした場所での発生割合が高いと考えられる。

③ 種類別発生割合

小学校における負傷・疾病では，「挫傷・打撲」が高い発生割合を占め，次に「骨折」，「捻挫」が多く発生している。中学校・高等学校では「骨折」が高い発生割合を占め，次に「挫傷・打撲」，「捻挫」という割合で発生している。中高生の段階では，部活動を行う生徒の数が増加することに起因していると考える。

④ 部位別発生割合

全体的に，小学校以上の学校種において上肢部，下肢部の負傷・疾病が過半数

の割合を占めている。具体的な部位の内訳は，手・手指部と足関節の負傷・疾病が高い割合を示している。

また，小学校にのみ現れる特徴として，顔部・頭部を和した割合が，中学校・高等学校の顔部・頭部を和した割合に比べ高い割合を示していることが挙げられる。具体的な部位の内訳を見ると頭部・眼部・歯部の割合が多くなっている。

これらは，危険を予測し回避する能力が未熟さや，近年，問題となっている転んだときに手を着くことができないなど，子どもの運動能力の低下によるものと考えられる。

参考文献・資料
髙木信良「学校管理下における心臓突然死について」『関西女子短期大学紀要』15巻，2006年。
日本スポーツ振興センター編「学校の管理下の災害〔平成25年版〕」平成25年11月発行。
日本スポーツ振興センター編「学校の管理下の災害−25　―基本統計―」平成24年10月発行。
日本スポーツ振興センター編「学校の管理下の災害−24　―基本統計―」平成24年3月発行。
日本スポーツ振興センター編「学校の管理下の災害−23　―基本統計―」平成23年3月発行。
日本スポーツ振興センター編「学校の管理下の災害−22　―基本統計―」平成22年2月発行。
日本スポーツ振興センター編「学校の管理下の死亡・障害事例と事故防止の留意点〈平成24年版〉」平成25年1月。
日本スポーツ振興センター編「学校の管理下の死亡・障害事例と事故防止の留意点〈平成23年版〉」平成24年3月。
日本スポーツ振興センター編「学校の管理下の死亡・障害事例と事故防止の留意点〈平成22年版〉」平成23年3月。
日本スポーツ振興センター編「学校の管理下の死亡・障害事例と事故防止の留意点〈平成21年版〉」平成22年3月。

序章　注
1）内田良「学校事故の「リスク」分析——実在と認知の乖離に注目して」『教育社会学研究』第86集，2010年。
2）内田良「事故はなぜ起きるのか」『月刊高校教育』2012年3月号，77頁。
3）國土将平「からだの発達と運動部活動」『体育の科学』第64巻4号，2014年，234頁。
4）海老澤恭子・大森智子・河田史宝「学校管理下における高校生のけがの特徴と20年間の推移」『茨城大学教育実践研究』29号，2010年，194頁。
5）笠次良爾「学校管理下における児童生徒のケガの特徴について」『KANSAI学校安全』第6巻，2011年，5頁。

第1章
授業時間中に…

学校は「安全」な場所でなければならないが，そのなかでも活動の中心である「授業」は特に安全性が確保されなければならないことはいうまでもない。

　小中学校の授業は，大半は児童生徒が在籍する普通教室で行われる。普通教室での授業では，とりわけ危険な場面が想定されない内容のものが多いとはいえ，注意不足などで大きなケガ等につながるケースもある。

　実験室や運動場やプールといった場所で行われるものについては，活動に応じて十分に安全に対する配慮がなされているが，それでも事故が発生しているのが現実である。

　各教科の授業時間中に発生する件数は，学校管理下で発生した件数の約3割を占めている（平成24年）。

　授業中とはいえ，教師が目を離したすきや教師に隠れて，児童生徒がふざけたり，いたずらをしたりしたことが事故につながったケースもある。

　本章においては，これまでに全国各地で報告されている事例，判例をもとに授業時間に潜む危険性について考えるとともに，安全に授業を行うにはどうするべきかを考えていきたい。

1　普通教室における授業での事故

事例1　**授業中のいたずらによる障害事故**（裁判事例）

「左眼後遺障害事件」（神戸地判　昭51.9.30）

　兵庫県神戸市の公立小学校3年生の学級で，国語のテスト中，隣の席の男子児童Tに名前を呼ばれた女子児童が振り向いたはずみに，男児がかざしていた鉛筆が左目につきささり，穿孔（せんこう）性角膜外傷，外傷性白内障で入院。左目の視力が極度に落ちて後遺症が残った。
　女子児童の両親は，加害の男子児童が日頃から粗暴で女子児童にいたずらを繰り返していたのに放置していたとして，男児の両親と学校設置者の神戸市に574万円の損害賠償を求めて提訴した。

☞ **考えるポイント**
1　テスト中の監督は十分だったの？
2　普段の男子児童Tの行動から考えられることはなかったの？
3　事故が発生するまでに加害児童の保護者と加害児童のこうした行動について担任は話し合っていたの？

── 判　決 ──

　「教師は，教育活動およびこれと密接不離の生活関係において，代理監督者として児童を保護・監督する義務を負う。特に小学校低学年の学級担任の監督義務は，教師の教育内容の重要な一部を占める。M教諭はTのいたずらについて十分承知していながら，事前に事故の発生を防止するための適切な処置を取らなかったのだから，監督義務の懈怠（けたい）による過失があった」として事故発生の予見性と放置した過失を認めた。
　また，「親権者の負担する児童の他人に対する加害行為を防止すべき監督義務は（中略）児童の生活全般にわたる広範かつ一般的なものであって」「親権者として果たすべき一般的な監督義務を果たしておらず，その責任を免れ得ない」とした。

第1章　授業時間中に…

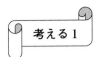 授業中の教師の監督責任

　授業は，教師の指導のもとに行われるものであり，そこで行われることについては，すべて教師の監督責任が問われる。本件のように，たとえ子どもがふざけて起こった事故であったとしても教師の責任は免れ得ない。授業中に発生した事故で，子どもがふざけていたことで起こったと考えられるものが，3割以上を占めている（章末参照）。子どもの「ふざけた」危険な行動自体が指導対象である。

 普段の指導

　特に，このケースでは加害児童の実態を認識しながら，指導や注意，配慮がなされていなかったことが問われている。事故防止には普段の指導が大切であることがわかる。事故につながる行為とはどのような時のどのような行為かを挙げて，指導方法を考えてみよう。

 問題行動と保護者への支援

　本件では，加害児童の保護者に対しても，損害賠償が認められた。加害児童の保護者は，子どもが学校でいたずら行為を繰り返していたことに対して，どれくらいの認識があったのであろうか。教師が十分に伝えていたのであろうか。「いじめ防止対策推進法」（平成25年制定）においても，第23条で「いじめを行った児童等に対する指導」とともにその保護者とも情報を共有し，継続的な助言を行うことが求められている。教師から報告があれば，保護者にも子どもを指導する機会となる。保護者と協力した指導こそが，子どもを変える大きな力になる。どのように報告し，協力していくべきか考えよう。

2　特別教室における授業での事故

事例2　理科実験中の火傷事故（裁判事例）

「アルコールランプ火傷事件」（東京高裁　平14.7.29）

　平成2年，東京都立川市の市立小学校6年生の学級で，理科の実験中に女子児童に起きた事故である。

　A小学校北側校舎二階理科実験室内において，当時，女子児童が所属していた6年1組を担任するB教諭の指導のもと，「炎について」（ロウソクの炎とアルコールランプの炎の違い）の理科の実験を行っていた。女子児童と同一グループに属し，同実験に従事していたCが，アルコールランプの火をロウソクに移すことを企図して，アルコールランプを傾け，ロウソクに近づけるという不適切な行為をしたため，アルコールランプの火口部分が，器内のアルコールと炎を結ぶ芯の部分と共に外れ，これが勢いよく飛び出し，机上に落下すると共に，原告の衣類等にアルコールが飛び散り，炎が燃え移った。

　机間指導していたB教諭が事故に気づいたときには，原告の衣服は燃え上がり，同教諭がこれを消し止めた。

　しかし，学校は，直ちに救急車を呼ぶことをせず，保健室では学校職員が対処し，病院に搬送するに当たって，その学校職員の自動車で，学校に距離的に近い立川病院ではなく，より遠い立川相互病院に搬送したが，皮膚科の医師が不在であった。

　学校から電話連絡を受けた母親が病院に駆けつけ立川病院への搬送を強く要請したため，同病院に再搬送したが，それまで1時間ほども何らの手当も受けられずに放置された原告は，顔面，首，手，耳等に重篤な火傷を負ってしまった。

　原告が，その級友の両親及び小学校の設置・管理者である地方公共団体に対し，損害賠償の請求をした。

　就職試験などでも，火傷の跡を指摘されて不合格になるなどの損害を受けたことなどを含めて損害額を算定。東京地裁八王子支部で，勝訴。市などに約4240万円の支払い命令をするが，市などはこれを不服として控訴。東京高裁にて和解成立。

第1章　授業時間中に…

☞ *学ぶポイント*
　実験でどんな火災事故が起こるの？

☞ *考えるポイント*
　1　事故への担任の対応のどこが問題だったの？
　2　事故後の学校の対応のどこが問題だったの？

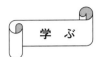　実験での火災事故事例

　理科の実験では，薬品や火を扱うなど手順や方法を誤ると大きな事故につながることは周知のことである。教科書では，子どもの年齢に応じた実験が扱われているが，子どもの実態に応じた安全配慮と指導が必要である。実験方法の説明を行うときには，しっかりと教師に注目させたうえで，教師が実際に実施してみせるなどして注意ポイントを理解させることが大切である。

　いろいろな教育委員会や研修センターなどが，理科実験に関わる事故事例を集めたものを作成している。実験のときには，事前に調べておきたい。

◎火気の使用に関するもの

・熱気球で，空気を暖めるのに固形燃料を吊したら，ナイロンの気球に火がついた。
・アルコールランプの着火に手間取って，マッチの軸が指の近くまで燃えてきたため，火のついたマッチを投げ出す子がいた。
・マッチの点火練習をしたとき，火がつくと驚いて投げた子がいた。また，マッチを擦った経験がない子が多い。
・アルコールランプの移し火をして，こぼれたアルコールに引火した。
・加熱したとき，冷めないうちに試験管や三脚にさわってやけどした。
・酸素の燃焼実験で，集気ビンの奥までスチールウールを入れなかったので，集気ビンが割れた。
・飽和溶液を蒸発させて食塩を取り出すとき，水分を少し残して加熱をやめることをきちんと指示しなかったため，結晶がはじけて目の近くに当たった。
・塩酸と金属を試験管に入れて加熱していたとき，突沸した溶液が生徒にかかったのに，

すぐに申し出なかったため，ひどいやけどになった。
・蒸発皿で炎色反応を見せていたところ，火が消えそうになったので，アルコールを試薬ビンから足そうとして引火し，女生徒が顔にやけどをした。
・単斜硫黄を作るときに溶かした硫黄が手にかかって火傷した。
・硫黄を試験管に入れて加熱中に，試験管を落として，落ちた硫黄が机上で燃えだした。
・酢酸エチルのケン化実験で，湯浴で加熱中に酢酸エチルに引火した。
・ニトロベンゼンの蒸留をしているときに，枝付きフラスコに巻いていたぞうきんにガスバーナーの火が燃え移った。ぞうきんをコンクリートの床に落として消した。
・キシロールを浸した脱脂綿でレンズを拭いている時，その脱脂綿にガスバーナーの火が引火した。

出所：富山県総合教育センター『科学実験ヒヤリハット集』（http://rika.el.tym.ed.jp/cms）。

判　決

東京地（八王子支部）判（平成13.9.27）

①被告立川市が，本件事故につき，国家賠償法第一条に基づき，B教諭の職務上の過失によって原告の被った損害を賠償すべき責任が存することは，当事者間に争いがない。（略）
〈証拠略〉によれば，本件事故による原告の障害，後遺症が重くなったのは，①学校側は，本件事故後直ちに救急車を呼ぶことをせず，保健室で医療に素人である学校職員に対処させ，
②病院に搬送するに当たって，その学校職員の自動車で，学校に距離的に近い立川病院へではなく，より遠い立川相互病院に搬送し，そこで皮膚科の医師が不在であったため，漫然何らの措置を施すことなく，無為に時間を過ごし，
③学校から電話連絡を受けた母親が病院に駆けつけ立川病院への搬送を強く要請したため，漸く同病院に再搬送したが，それまで一時間ほども原告は何らの手当も受けられずに放置されたためであることが認められ，
また，原告が請求の原因として主張するように，原告は本件事故による受傷の入院治療中，また退院後，その楽しかるべき10代の青春の時代に筆舌に尽くしがたい肉体的・精神的苦痛を受け，
かつ，原告は○大○科栄養士コースを卒業し栄養士の資格を取得したものの，就職の面接試験で醜状痕を指摘され，結果的に不合格となったことがあり，また原告の精神的な落ち込みが激しいこともあって，今後の就職にもかなりの困難性のあることが認められる。

第1章　授業時間中に…

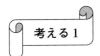 **考える1　事故への担任の対応**

　事故が発生したときに，教師がすぐに発見したのであろうか。また，すぐに適切な指示や消火活動を行ったのであろうか。事故が発生したときには，他の児童生徒も混乱してしまいがちである。教師が迅速に指示と対応を行うことが，事故の被害を小さくすることにつながり，また二次災害も防ぐことになる。

　理科の実験における火災や火傷には，どのような原因のものがあるのか，その原因と対応方法を考えてみよう。

 考える2　事故後の学校の対応

　本件のような事故があった場合，直ちに救急車を呼び，養護教諭など専門的に対応できる教職員がその間対応しなければならない。自家用車では，緊急搬送ができないばかりか，医療的に対応することができず，医療機関への緊急搬送の受け入れ連絡もできない。こうした点において，本件では学校の対応はたいへん不適切だったといえる。事故や発病の緊急時の対応については，しっかりとマニュアルに従って迅速に進めなければならない。

　あなたの学校でも緊急時の対応が，確実に迅速にできるようシミュレーションを行ってみよう。

3　体育館における体育授業中の事故

事例3　跳び箱落下死亡事故（裁判事例）

「跳び箱落下死亡事故損害賠償請求事件」（東京高裁　平14.10.25）

　国分寺市の中学校で，体育は3年の2クラス合同授業で，約33名が参加した器械体操の授業では，一時限のなかで，総員を3グループに分け，グループごとにマットと鉄棒，跳び箱の3種目の練習を，1種目5分から10分で，ローテーションのように次々と生徒たちにやらせていた。

　各種目に関して，生徒たちは予め指示された共通課題と各人が選択する自由課題の技に取り組んでいた。練習は生徒が自主的に行い，教師は適宜指導していた。

　当日は，マット運動の採点があり，テストを受けないクラスの生徒は，それぞれ鉄棒，跳び箱等の練習を行っていた。

　男子生徒Dは課題を終え，ふざけて1回目にムーンサルトをして，周囲の生徒からざわめきと賞賛の声が上がった。そこで，2回目に跳び箱の上に立ち，シューティングスタープレスをして回転しきれず失敗して落下した。男子生徒Dが跳び箱から落下したとき教師は，マット運動のテストを採点中で，見ていなかった。

　直後，マットの上で，「身体が動かない」と話していたが，3週間後に亡くなる。

　遺族が，授業中の安全指導に問題があったとして，国分寺市を提訴した。八王子地裁で，「棄却」判決が出されたが，遺族は，判決に納得がいかないとして「控訴」した。

☞ *考えるポイント*

1　授業のやり方は適切であったの？
2　生徒がふざけたり，ざわついたりしていることへの対応は行ったの？
3　安全性に問題があると思われる授業を実施している，あるいはしようとしていることを他の教職員は認識していたの，どのように対応したの？

第1章　授業時間中に…

判　決

市が原告側に慰謝料等を支払い、指導教師の責任とともに、男子生徒Dの過失を4割認めることで、和解が成立した。

1．被控訴人の責任について

K教諭による体育の授業の実施方法について、安全配慮義務の観点から、次の点が指摘できる。

（1）同教諭はマット運動のテストの監督・採点を行わなければならないために、それ以外の運動を行う生徒の動勢に十分な注意を払うことができないことが容易に予測されたにもかかわらず、器械体操という相当程度の危険を伴う活動を、特段の監督者を置くことなく、生徒の自習にゆだねた点

（2）現実の授業を開始した後、マット運動のテストを受ける者以外の生徒が必ずしも秩序だった状態で自習しておらず、あまつさえ、本件事故直前に男子生徒Dが跳び箱の課題とされていた技とは明らかに異なる危険を伴う技を行って成功させ、それを見た他の生徒が歓声を上げるという状態であったにもかかわらず、特段の措置を採ることなく放置した点

2．被害者側の過失について

本件事故は男子生徒Dが跳び箱の課題とされた技とは異なる危険を伴う技を自ら行ったことに起因すること、同人の事故当時の年齢（14歳）、本件が体育の授業中に発生したものであること、1に述べた本件事故発生までの経緯等本件に関するあらゆる事情を考慮すると、被害者側の過失は約4割と考えられる。

 **考える1**　**授業の実施方法**

各教科の授業中に発生した事故の半数以上が体育の授業中に発生しているということから考えても、体育の指導では、安全配慮により高い注意が払われるべきである。

判決が指摘しているとおりに、監督者を置かずに生徒の自習に委ねたことは安全配慮義務上、大きな過失があった。しかしながら、現実には教師がひとりで、実技テストの実施と他の児童生徒の安全監督の両方を行うことが多い。体育館や運動場など広い空間での活動であるため、さらに困難さは増す。

どのような活動の設定があるのか、指導方法があるのか、考えてみよう。

考える 2　騒いでいる児童生徒への指導

　体育の実技授業では，広い場所で動きを伴うため，ともすれば子どもが指示を無視して自由に活動しがちである。また，順番を待つなどで退屈をしてしまいふざけたり，騒がしくなったりすることもある。児童生徒自身が年齢に応じた判断力と自制心を働かすことは期待されるところであるが，年齢や体力などを考慮して，子どもの集中や注意力を再起動させる活動や指示を授業全体のなかに適宜取り入れることで，安全確保とともに，よりよい授業となる。どのような方法があるのか考えてみよう。

 考える 3　教職員間の注意喚起と支援

　学校では，日々の教育活動のなかで，安全確保の上で何らかの問題があると思われる活動が行われている場合もあるだろう。どうしてその教師はそのような授業や活動をしているのであろうか。教師が危険性を認識していながら行っているとは考えにくい。その危険性に気づいていない，あるいは危険性があるという情報を得ていないのではないだろうか。

　当該教師の責任を追及するためではなく，未遂ケースなどを挙げて互いに注意喚起を行い，支援が必要な時には気軽に依頼できる体制づくりを考えてみよう。

4 プールにおける体育授業中の事故

事例4 プールでの飛び込み指導中の事故（裁判事例）

「横浜市立中山中学校事件」（最高裁第二小法廷　昭62.2.6）

　M教諭は，中学校3年生の体育の授業として，プールにおいて飛び込みの指導をしていた。その際，スタート台上に静止した状態で頭から飛び込む方法の練習では，水中深く入ってしまう者，空中での姿勢が整わない者など未熟な生徒が多く，その原因は足のけりが弱いことにあると判断し，次の段階として，生徒に対し，2，3歩助走をしてスタート台脇のプールの縁から飛び込む方法を1，2回させたのち，さらに2，3歩助走をしてスタート台に上がってから飛び込む方法を指導した。

　本件被害者男子生徒Yは，この指導に従い最後の方法を練習中にプールの底に頭部を激突させる事故に遭遇した。

☞ 学ぶポイント

飛び込みって指導していいの？

 スタートの指導

　最近でも平成26年7月に名古屋の市立中学校で「飛び込み」の練習中に中学2年生が首の骨を折るという重大事故が発生している。

　文部科学省スポーツ・青少年局からの「水泳等の事故防止について」通知等でも指摘されているが，スタート時の事故は発生率が高い。学校体育実技指導資料第4集「水泳指導の手引（三訂版）」では，次のように説明している。水泳指導について手引等でよく確認しておくとよい。

4 プールにおける体育授業中の事故

小学校	水中からのスタートを指導するものとする。
中学校	泳法との関連において水中からのスタート及びターンを取り上げること。
高等学校	スタートの指導については、段階的な指導を行うとともに安全を十分に確保すること。

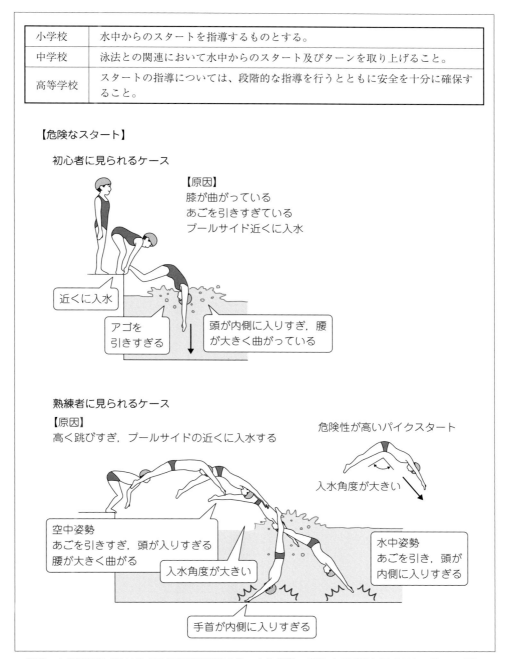

出所：文部科学省「学校体育実技指導資料第4集　水泳指導の手引（三訂版）」平成26年3月，131頁。

第1章 授業時間中に…

判　決

　助走して飛び込む方法，ことに助走してスタート台にあがってから行う方法は，踏み切りに際してのタイミングの取り方及び踏み切る位置の設定が難しく，踏み切る角度を誤った場合には，極端に高く上がって身体の平衡を失い，空中での身体の制御が不可能となり，水中深く進入しやすくなるのであって，このことは，飛び込みの指導にあたるM教諭にとって十分予見しうるところであったといえる。

　あまつさえ，スタート台上に静止した状態で飛び込む方法についてさえ未熟な者の多い生徒に対して右の飛び込み方法をさせることは，極めて危険であるから，原判示のような措置，配慮をすべきであったのに，それをしなかった点において，M教諭には注意義務違反があったといわなければならない。

4 プールにおける体育授業中の事故

事例5 東山台小学校プール事故

> 「東山台小学校プール事故」
>
> 　兵庫県西宮市東山台の市立東山台小学校のプールで，事故当時は一時間目の体育の授業中で，6年生3クラス計91人の児童が泳ぎ，教諭3人が指導していた。
>
> 　兵庫県西宮市教育委員会によると，プールは長さ25メートルで水深は80～110センチ。児童らは泳力別の3グループに分かれ，男児のグループは順番に25メートルを泳いでいた。
>
> 　約22メートル地点（水深80センチ）で男児がおぼれているのを他の児童が発見。
>
> 　教諭2人が男児を引き上げ，人工呼吸を行うとともに自動体外式除細動器（AED）を使用し，駆けつけた救急隊員に引き継いだ。
>
> 　本件では，一時心肺停止状態となったが，人工呼吸と自動体外式除細動器（AED）使用で被災児童は回復した。

☞ **学ぶポイント**

AEDの使い方は？

☞ **考えるポイント**

校内でのAEDの配置場所はどこがよいの？

AEDとは

　AEDについて，文部科学省「健康な生活を送るために（高校生用）」にも掲載されており，かなり一般的に普及しつつあるものとなっている。平成16年に非医療従事者の使用が認められ，ほとんどの学校に設置されており，校内教職員研修で心肺蘇生法やAEDを用いた講習も広く実施されている。

　消防署などによって，「救命講習」がさまざまな形で行われている。大学等でも実施されることがあるので，参加してみるとよい。

第1章　授業時間中に…

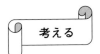　AEDの配置場所

　公益財団法人日本心臓財団のHPでは、「いま日本では、学校で年間約50人が心臓突然死を起こしています。若い命を救うために、ぜひAEDを校内に設置してください。それも保健室にしまっておくのではなく、皆が毎日、目にできるような玄関、廊下、体育館などに置くことが望まれます。またそれを先生だけでなく、生徒も使えるように、日頃から授業で練習してください。」としている。数分を争う対応であるだけに、発生が多く予測される場所にすぐに持ち出せる所に配置するべきであろう。ただし、AEDは「0℃～50℃」と使用環境条件が明記されている。実際に氷点下の環境でうまく作動しなかった事例も発生している。特に冬には配慮が必要である。あなたの学校ではどこに配置すればよいか考えてみよう。

「AED」とは，Automated External Defibrillator の頭文字をとったもので，「自動体外式除細動器」ともいいます。

　AED は多くの突然死の原因となる心臓の危険な状態（心室細動＊）を「自動」的に判断し，電気ショックを与えて取り「除」いてくれる器械のことです。

　日本では，救急車を呼んでから到着するまでに平均 6 分以上かかるというのが現状です。ところが，心室細動に対する救急処置は一分一秒を争います。心室細動を起こしてから 3 分以内に AED を使えば蘇生率は70％ですが，救急車を待って 6 分後に除細動を行っても35％しか助からないと言われています。したがって，医師や救急救命士だけでなく，現場に居合わせた一般の人々が AED を使用することによって，心室細動による突然死から人を救うことができるのです。

AEDの使用方法

AED（自動体外式除細動器）の使い方はこんなに簡単。しかも機械がすべて指示をしてくれます。

1　電源スイッチを入れる。
AEDを持ってきたらすぐにケースから取り出します。そして、電源スイッチを入れる。（ふたを開くと自動的に電源が入る機種もあります。）
すぐに音声による指示が流れてきます。

2　電極パッドを貼る。
パッドを袋から出して、シールをはがし、図で示された場所に肌を密着させて、しっかりと貼ってください。

3　患者から離れる。
電気ショックを与える必要があるかどうかを判断するために、機械が自動的に心電図の解析を始めます。他の人が患者に触れていると正しい解析ができません。

4　AEDから指示が出たら除細動ボタンを押す。
心電図の解析が終わり電気ショック（通電）が必要と判断すれば、除細動ボタンを押すように機械が音声で指示を出します。その指示にしたがって、除細動ボタンを押してください。

AEDの電源は入れたまま、パッドも貼ったままにして、救急隊を待つ。

＊「心室細動」とは、心臓が小刻みにけいれんし、血液を全身に送り出すことができなくなる危険な状態で、この状況がしばらく続けば、やがて心臓は完全に停止し、死に至る。

出所：文部科学省「健康な生活を送るために（高校生用）」（平成25年度版），44頁より。

第1章　授業時間中に…

授業中の事故を統計から考える

「独立行政法人日本スポーツ振興センター」の学校事故事例検索データベース（平成17年度〜24年度の給付事例）で検索してみる。

例えば小学校校内での体育を除く授業中の事故として29件が報告されている。うち突然死4件と発生状況が具体的でない5件以外の事例を発生年順に整理すると次のようになる。19件中14件は児童間での接触で発生したものである（◎で表示）。

いずれのケースもどの学校でも起こり得るものである。あなたの学校でも考えてみよう。

死亡障害	死亡障害種	学年性別	発生場所	発生状況
障害	視力・眼球運動障害	5男	廊下	◎校舎3階廊下にて算数少人数教室への移動中，他児童の蹴り上げた鉛筆が左眼の黒目部分に当たり，角膜裂傷を負う。
障害	外貌・露出部分の醜状障害	3女	教室	◎社会科のグループ学習時に，グループに分かれようと席を立ったところ，カッターの刃を出して持っていた他の児童と接触し，左肘の内側辺りが10cmほど切れた。
障害	視力・眼球運動障害	3男	教室	算数の時間，本児童は教卓の横に机椅子を置き勉強していた。担任が机間指導をしていた際，椅子の上で体育座りをしジャンパーを頭からすっぽり被り，前後ろに揺れていた。何度か担任が注意をしたが，バランスを崩し転倒。後頭部を強打する。
障害	視力・眼球運動障害	2男	教室	生活科の時間，自席に座って紙粘土でブンブンごまの作成をしていた。色を付けてニスを塗り，糸を通して回すという作業の最終段階で試しに回していたところ，コマの粘土の部分が本児童の右眼に当たった。
死亡	内臓損傷	6男	屋上	屋上で学習するため教室から移動し，巻尺を使って計測を行った。計測後，教室に戻る指示があった際，本児童は天窓（直径1.3m，暑さ4mm，高さ70cm）の上に乗り，5回程度飛び跳ねたところ，天窓が割れて約12m下の1階コモンスペースに転落した。救急車で病院に搬送されたが，同日死亡した。

死亡障害	死亡障害種	学年性別	発生場所	発生状況
障害	精神・神経障害	小2	廊下	図書室で読書指導を受けた後，本を読むために教室に移動した。3階の渡り廊下で紙飛行機のようなものが下に落ちていくのを見たので，それを確かめようとして手すりをつかんで壁（高さ1.2m）の上に膝乗りをし，下を覗き込んだところ，バランスを崩して落下しコンクリート床で全身を強打し負傷した。
障害	外貌・露出部分の醜状障害	2女	教室	国語の時間，教室の自席から前の黒板に向かっていたところ躓いて転び，ひな壇の縁に額をぶつけた。
障害	外貌・露出部分の醜状障害	2男	実習実験室	◎家庭科室でうどんを茹でるために，どんぶりを持って踏み台に昇ろうとしてバランスを崩し転倒。その際にコンロにあった鍋の湯がこぼれて熱傷を受ける。
障害	手指切断・機能障害	5男	音楽室	音楽室に到着した児童から，絨毯の上に並んで座っていた。その時，音楽室後方に置かれていたシンバルに男子が接触してしまい，シンバルが三脚ごと転倒し，絨毯の上に置かれていた本児童の右手薬指と小指に当たり切れた。
障害	せき柱障害	6女	体育館・屋内運動場	◎音楽の時間，体育館で合唱の練習をする前に友達と追いかけっこをしていて転倒し，床を滑り体育館の壁面に背部を打つ。
障害	視力・眼球運動障害	6男	実習実験室	◎鼓笛の時間に図工室で中太鼓の練習中，同じ中太鼓をやっていた児童が自分のバチで他の児童のバチをはじいた際，そのバチが飛び，そばにいた本児童の右眼に当たった。
障害	視力・眼球運動障害	2男	教室	◎生活科にて話し合い活動をしていた時に，落書きをした，しないの言い争いが始まった。そのひとりの児童が他の児童のノートに落書きをしようと，持っていた鉛筆を振り上げたところ，背後を通りかかった本児童の左眼に当った。
障害	歯牙障害	5男	教室	◎授業中にクラスの児童同士がけんかをしていて，リコーダーで相手を叩きに行ったところ，相手がそれを足で受けたためにリコーダーの下の部分が飛んで行き，離れていた本児童の歯に当った。
障害	視力・眼球運動障害	4女	教室	◎順番にリコーダーを吹かせていて，リコーダーを吹き終わった他の児童が，つばを出そうとリコーダーを振った際，後ろに座っていた本児童の右眼のすぐ下に当たり負傷した。
障害	外貌・露出部分の醜状障害	2男	廊下	◎図書室で読書をしていたとき，友人とふざけて鬼ごっことなり，図書室前の廊下を走った際，床に水がこぼれていたため，滑って転倒して柱の角に額を強く打ちつけ出血した。

第1章　授業時間中に…

死亡障害	死亡障害種	学年性別	発生場所	発生状況
障害	視力・眼球運動障害	2男	教室	授業中にプラスチックの15cmものさしを折った際，その破片が右眼に当たった。
障害	外貌・露出部分の醜状障害	1女	階段	◎図書室から教室へ帰るとき，友人と手をつないで走りながら階段を下りていて階段のへりにつまずき，友人に手をひっぱられるかたちで転んだため左手を階段の床に打ちつけた。
障害	歯牙障害	6男	教室	生活科の授業中，教室でゴムボールに乗って遊んでいたが，前方にのめり込み顔面を床に打ちつけた。
障害	手指切断・機能障害	5男	教室	音楽の授業中，楽器類を倉庫に収納することになり，本児童がかなり重量のあるスピーカーを動かそうとした際，スピーカーが倒れそうになり，支えきれず左手が下敷きになって，左第2，第3，第4指の断裂を負った。
障害	外貌・露出部分の醜状障害	3女	実習実験室	◎ゆとりの時間中，ラーメン作りをしていて，他の児童が写真を写そうとした際，その児童の腕が鍋にひっかかり，かけてあった鍋が倒れ熱湯が腕と右胸，左手にかかった。
障害	精神・神経障害	2女	階段	◎図書の時間中，教室から図書室へ移動しているとき，階段のところで友人に押されて，落ち，顔面を打った。その後，病院を受診し，頸髄損傷していることがわかった。
障害	視力・眼球運動障害	1男	教室	◎音楽の授業中，歌にあわせて輪になって体を動かしていたが，後ろの児童が前の児童を押したとき，押された児童がその拍子に本児童とぶつかり，左眼を負傷した。
障害	外貌・露出部分の醜状障害	4男	体育館・屋内運動場	◎本児童が，ステージ上に設置されたアルミ製ひな壇の端に立って，並ぼうとした時，隣の児童と押し合いになり，約60cm下のステージ床に転落し，ひな壇の角で左大腿部を負傷した。

第 2 章
休憩時間に…

授業の間の「休み時間」は，児童生徒にとって，トイレに行ったり，次の授業準備をしたりするだけではなく，つかの間のリラックスタイムでもある。特に，「昼休み」は児童生徒にとって遊んだり，おしゃべりをしたりと，友達と過ごす大切な時間となっている。
　しかし，こうした「休憩時間」での負傷等の発生件数は，学校管理下での発生総数の25％を占めており，小学校においては，「休憩時間」に発生するケースが20万件を超え，小学校全件数の約半数を占めている。
　教師が必ずしも一緒にいるとはかぎらない時間帯であり，遊びに夢中になって子ども同士がぶつかったり，ちょっとしたことからケンカになったり，そうしたことがケガにつながることも少なくない。
　本章においては，「休憩時間」の事故を「子ども同士の偶発的事故」と「子ども同士のトラブルによる事故」に分けて，教師が一緒にいなくても安全に活動できるには，どのように指導すべきかを考えていきたい。

1　子ども同士の偶発的事故

事例1　教師不在の体育館での事故（裁判事例）

> 「コマの打撃による視力低下事故」（岐阜地裁判決　平13.12.20）
>
> 　小学校5年生の男子児童Aが，休み時間に，生活科室にあった木製，直径約6cmのコマを持ち出して，教師が一緒でなければ遊ぶことを禁止されていた体育館で遊んでいた。
>
> 　男子児童Aがコマを勢いよく回そうとして前方に降り出した後，ひもを強く引いたところ，コマがひもから離れないで後方に飛んだため，一緒に遊んでいた男子児童の右目に当たった。男子児童は，右眼球打撲，右前房出血，硝子体出血，網膜出血，虹彩離脱，右網膜振盪症の障害を負った。
>
> 　被害児童の保護者は，学校が生活科室や体育館の施錠を怠ったこと，休み時間中の体育館の監視を怠ったことなどで，右目の視力が（0.02）までしか回復せずに損害を受けたとして，損害賠償金，慰謝料など約3800万円を各務ヶ原市に求めて岐阜地裁に提訴した。

☞ **考えるポイント**

1. 休憩時間中の教師の安全義務はどこまで？
2. 事故を防ぐために，日常的にどのようなことに配慮や指導をするべき？

判　決

　原告は，小学校にコマの遊び方を指導する義務や，児童がコマを持ち出せないように保管場所を施錠する義務，学校の指導下でなければコマ遊びをしてはならない旨の主張をするが，コマ自体は危険な遊具ではなく，これまでにもコマ遊びで事故が発生したことはなかった。

　男子児童は格別危険な方法でコマ遊びをしていたわけでなく，また，本件事故に至るまでの成長過程において，危険な遊びをしたり他人に怪我を負わせるなどの問題行動を示し

た経緯があるとは認めらないから、本件事故の発生を予見できたとは解されず、被告らに原告主張にかかる指導、監督義務の違反があるとは認められない。原告の請求を棄却する。

考える1　休憩時間中の安全配慮義務

　休憩時間中といえども、教育活動の一部である生活活動である。そのため教師や学校に原則として安全配慮義務があるといえる。しかし、授業中とは異なり、児童生徒が休憩をするなど自由に活動する時間であることから、通常は、教師が常に一緒にいることまでは求められはいないと考える。ただし、「日常における環境の安全」を保持することは、「学校保健安全法施行規則」29条で定められている。また、児童生徒の指導という観点から、問題行動などが予見されるときは、休憩時間中といえども監督の必要がある。

　その点から、本件では、原告は学校が「休み時間中の巡回監視義務や体育館を施錠すべき義務を怠っている」という主張を行っている。これに対して判決では、「本件事故の発生を予見できたとは解されず、被告らに原告主張にかかる指導、監督義務の違反があるとは認められない」としている。

　本件の場合では、「体育館」という場所自体が危険な場所というにはあたらず、また5年生という年齢から「禁止」されていることへの認識と判断能力があることから、このような判決になったと考えられる。しかし、プールや理科実験室など危険が予測できる場所については、施設設備管理の観点から施錠等が必ず必要である。

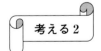

考える2　日常的な配慮や指導

　休憩時間の活動においても、通常よく行われる子どもの活動や行為のなかで、事故等につながることが予測される場合は、教師や学校は、安全確保の策を図らなければならない。また、学校全体に教師の目が行き届くよう配慮する必要はある。

休憩時間では，廊下や運動場でのケガが多い。小学校では，高学年と低学年児童の体格の差は大きく，出会い頭の衝突が起これば，大ケガに結びつく危険がある。そのため，学校では「廊下を走らない，右側を歩く」などの生活指導を日常的に行っている。また，廊下にセンターラインを描いたり色分けをしたりするなどの工夫を行っている。運動場においても，使う時間や場所を学年ごとに分けして，体格の違う児童の接触事故を防ぐ工夫をしている。

休憩時間には，児童は鬼ごっこなどで走り回ることが多い。興奮して狭いところや木立の中を走り抜けることもあり，児童の背丈に合わせた目線からの点検が必要になる。学校の施設，児童の実態に応じた指導，巡回に心がけたい。

第2章 休憩時間に…

> **事例2** 鉄パイプ野球ゲーム事故（裁判事例）

> **「鉄パイプ野球ゲーム事件」**（千葉地判　昭63.12.19）
>
> 　中学校3年生の男子生徒が，休憩時間中に，第二音楽室に放置されていた鉄パイプを持ち出して，音楽室横のベランダで野球ゲームをして遊んでいた。バットの代わりにしていた鉄パイプがすっぽ抜けて，通りかかった生徒に当たり負傷させた。

☞ **考えるポイント**

事例1とどこか違うの？

判　決

　中学校の校長，教員らは，学校生活において生ずるおそれのある危険から生徒を保護するべき義務があるものというべきである。

　本件の場合，教室内には本件事故以前から，時々本件鉄パイプと同様の鉄パイプが放置されていたことがあったのであり，また，生徒の間では本件ベランダにおいて，ほうき等バット代用の物を用いた野球類似のゲームが行われていたのであるから，A中の校長，教員らにおいては，生徒の年齢に照らし，生徒らがこのような鉄パイプを使って野球類似のゲームをするということを十分予測できたことであり，またそのようなことが行われれば，鉄パイプ等の材質等からして，他の生徒らの身体等に危険を生ずることも容易に予測しえたものということができるから，校長及び教員は破損した机や椅子，鉄パイプ等が教室内に放置されていることのないように校内の巡視や点検を厳にし，もしそのような物を発見したときは直ちにこれを撤去する等適正な処置をとるように努めるともに，日頃から生徒らが，このような危険な物を使用して他の生徒らの身体等に危険を及ぼすおそれのある遊びや行動を行わないように指導，監督すべき注意義務があったものというべきである。

　そして，さらにこのような遊びや行動は休み時間中や放課後等に行われ易いことが明らかであるから，そのような時間帯においては，間断なく巡視を行うなど一層監視を厳にし，もしそのようなことが行われているのを発見したときは，直ちにこれを中止させるなどの事故の発生を未然に防止するような万全の措置を執るべき義務があったものといわなければならない。

　しかるに，A中の校長，教員らは，第二音楽室に本件鉄パイプが放置されていたのに気づかず，したがってこれを撤去する措置もとらず，また本件事故当日の昼休み時間内に一回巡視したものの，男子生徒Bらが本件ベランダにおいて本件野球ゲームを行っていたことに気づかず，これを中止させる措置もとらなかったのであるから，これらの点において

前示の注意義務を懈怠した過失があったものと言わざるをえない。

 日常における環境の安全

　本件では，まず鉄パイプのような危険な物，教育活動に不必要な物を放置しておいたことの管理責任が問われている。さらに，「生徒の間ではベランダにおいて，ほうき等バット代用の物を用いた野球類似のゲームが行われていた」ことからこのような事態は予見されたにもかかわらず，改善しなかったとは重大な責任である。子どもは，回りにある物を使って遊びをつくりだす天才である。しかし，その工夫が時と場合によっては事故につながることになる。事故を防ぐためには，子どもの行動や行為という視点から，環境整備に心がけるべきである。

　あなたの学校で，その物自体は危険ではないが，子どもが遊びなどに使うと危険なものがないか点検してみよう。

2 子ども同士のトラブルによる事故
―― 特別な支援が必要な児童

事例3 ダウン症児の学校内被害事故（裁判事例）

「ダウン症児の学校内被害事故についての和解事例」（東京地裁和解 平19.3.16）

本件は，個々に図書館に移動する際に小学校2年生女子児童が同じクラスのダウン症児を階段途中から突き落とし，障害を負わせたというものである。

本件では，被害児童の保護者から学校に対してダウン症に関し教育上留意するべき点や身体的状況について申し入れがあったこと，この事故以前にも当該女子児童によって加害を受けていたことを告げていたこと，などから，被害者に障害があるため，自分で加害者から距離をとることや明確に拒否することが困難である以上，校長および担任の注意義務は一般的注意義務より高いレベルにあるとして，争われた。

☞ 考えるポイント
特別な支援が必要な児童生徒について，休憩時間どのような配慮が必要なの？

特別な配慮

ダウン症の子どもの多くは頸椎が弱く，体育のマット運動などでは配慮を要する。また，筋肉も健常児に比べて弱く，配慮を要する。教師が近くにいる授業場面でもそうであるが，休憩時間でなどでは友達同士がそういった身体的な特徴を承知していることが望ましい。普段から弱者を思いやる指導を継続することと並行してその意味にも触れたい。

学校全体は，配慮を要する児童生徒について，すべての教職員が現状と対応策を理解して，落ち着いた学校生活を送ることができるような指導，見守り体制を

2 子ども同士のトラブルによる事故

築くことが大切である。

　不幸にして事故が起きた時，何よりも，悲しい思いをするのは被害を受けた子どもであるが，意図せず加害者になってしまった子どもも心に大きな傷を負うことになることを忘れてはならない。

第2章 休憩時間に…

3　子ども同士のトラブル——ナイフ等の持ち込みによる

事例4　埼玉県立高校同級生刺殺事件（裁判事例）

「埼玉県立高校同級生刺殺事件損害賠償請求事件」（浦和地裁判決　平4.10.28）

高校3年生のAは，休憩時間中，廊下を歩いているときに肩がぶつかったという理由で男子生徒Bにケンカをしかけた。Bは折り畳みナイフを取り出して応戦，もみ合いになり，その結果，BのナイフがAの胸に突き刺さり，Aは死亡した。

事例5　長野県立高校刺殺事件（裁判事例）

「長野県立高校刺殺事件損害賠償請求事件」（東京高裁判決　平11.9.28）

応援団長をしていた男子生徒Aは，男子生徒Jに対して入部を勧誘したが断られ，反感を抱いていた。AはJへの制裁を計画し，金属バットと包丁を用意し，数名の応援団員に制裁を加えるよう指示した。Aは，応援団員とともにJに対峙した。Aは金属バットで殴りかかったが，Jに反撃されたため，包丁を持ち出して，Jを刺し，死亡させた。

☞ **考えるポイント**
　2事例の違いはどこにあるの？

――**判決1**――
　学校教育の場においては生徒の人格尊重に十分配慮すべきであって，特に高校教育の場においては，生徒の年齢が16歳から18歳であることからすると，生徒の自主性や社会性を養いつつ個性の伸張を図ることが要請される。したがって，みだりにプライバシーを侵害することは慎重になるべきである。それ故，事故発生の危険性を具体的に予測させるよう

な特段の諸事情があれば格別，そうでない限りは，所持品検査を実施すべき義務まではないと解するのが相当である

――― 判決2 ―――

学校は，……凶器等の持込や携帯を防止するため，加害生徒の動静や身辺の調査，所持品の検査等を入念にする措置をとることを怠ったものであり，他の生徒らの安全を図るために必要にして十分な指導監督義務が尽くされていなかったものと認められる。

上級生の少年を出席停止や退学処分にして，校内に暴力団的体質が影響しないよう防止すべき注意義務があったのに怠った。

事例の相違点

本件は，どちらも生徒間のトラブルで学校に持ち込んだナイフなどで相手を殺傷した事例である。

本件はともに，「所持品検査」，つまり，学校で行われる「持ち物検査」を実施しなかったことによる学校の責任を問うものである。

本件は，高校におけるものであり，小学校や中学校とは児童生徒の責任能力が大きく異なる。しかし近年では，小学校や中学校においても持ち込んだナイフなどによる事故が発生している。どのような対応が求められるのか考えておく必要がある。

本件の違いは，生徒指導としての「持ち物検査」を行う「事故発生の危険性を具体的に予測させるような特段の諸事情があるのか」である。

事例5では，事故発生以前から生徒同士のトラブルがあり，さらに加害生徒には，問題行動があったにもかかわらず，指導されていなかったことが指摘され，学校の責任が認められている。

先にも述べたように，何らかの兆候があるときには，休憩時間といえども十分な配慮や指導が必要である。

第3章
給食の時間に…

現在，小学校では，98.1％，中学校でも76.9％（文部科学省；学校給食実施等調査2010年）で完全給食が実施されている。多くの児童生徒が楽しみにしている時間である。平成17（2005）年に「食育基本法」が制定され，現在は「第2次食育基本計画」実施中である。栄養教諭の配置も進んでおり，給食は「ただ食べる」ということを越えて，食に関連するさまざまな学習の機会と位置付けられている。

　しかし，そうした楽しい時間においてもさまざまな事故は起こっている。近年特に注意喚起されているのは，「食物アレルギー」による事故である。独立行政法人日本スポーツ振興センターの調査によると，平成17年度から平成20年度の4年間で804件が発生している（「学校の管理下における食物アレルギーへの対応　調査報告書」平成23年）。また，文部科学省の調査研究協力者会議による平成25年の調査では，小中高の児童生徒の4.5％が食物アレルギーのり患者であり，これは平成16年の1.7倍に達している（「学校生活における健康管理に関する調査」）。

　本章においては，「食物アレルギーによる事故」と学校管理下での発生は稀であるが，特別な支援等の必要な児童生徒においてはその危険性が高まる「食べ物による窒息事故」について，児童生徒への指導，さらには，学校の対応がどうあるべきか考えていきたい。

1　食物アレルギーによる事故

事例1　そばアレルギーによる死亡事故（裁判事例）

> 「そば給食アレルギー小学生死亡事件」（札幌地判　平4.3.30）
>
> 　そばアレルギーのある6年生児童が，保護者からそれを告げられていた担任が食べないように言ったにもかかわらず，給食に出たそばを食べ，アレルギーを発症した。
> 　その後保護者に電話連絡したが，「迎えに行けないので，ひとりで帰宅させてくれ」とのことだったので，児童をひとりで帰宅させた。児童は帰宅途中に発作をおこして窒息死した。

☞ **学ぶポイント**

食物アレルギーで死亡することがあるの？

☞ **考えるポイント**

「注意したのに食べてしまった」責任はだれにあるか，どのように指導すればよいのだろうか？

学校・担任の対応で適切でないところはどこ？

判　決

　保護者の対応にも問題があり責任の半分は保護者にもあるとしたが，担任に対して，アレルギー症の重篤さを理解し，児童がそばを食べないようにすることの重要性を認識する責任があったとした。

第3章　給食の時間に…

 食物アレルギーの症状

　食物アレルギーの原因になるのは，食べ物に含まれるタンパク質です。食べたり飲んだりしたものを，体が異物と思い攻撃をすることで体が傷つき，様々な困った症状が現れてきます。何に対してアレルギー反応を起こすかは，人それぞれです。またその症状の起きかたも様々で，身体のいろいろな部分で反応が現れ，軽い場合もありますが，命に関わるほど深刻な場合もあります。

出所：厚生労働科学研究所「セルフケアナビ　食物アレルギー」，2頁。

 食物アレルギーと給食指導

　現在では，食物アレルギーについてかなり社会的認識も広まり，文部科学省から出されている「食に関する指導の手引―第一次改訂版―」（平成22年）にも食物アレルギーについての記載がされている。また，公益財団法人日本学校保健会で

は「学校のアレルギー疾患に対する取り組みガイドライン」（平成20年）をまとめており，食物アレルギーについて詳しく取り上げている。そのなかには，「学校生活管理指導表（アレルギー疾患用）」が示されている。病型や原因物質，緊急時の処方薬，学校生活での留意点などを記入するようになっている。こうした指導表を用いて，情報の共有を図ることが大切である。

　そうしたなかでも事故は起こる。次の事例は平成24年に発生したものである。現在学校ではどのような対応が取られており，そこにはまだどのような課題が残されているのか考えてみよう。

第3章 給食の時間に…

事例2 チヂミ給食アレルギー事故

「東京都チヂミ給食アレルギー事故」

　平成24年12月20日，当該女子児童専用の給食がのった黄色いトレイを手渡しした。担任教諭には，栄養士から女児専用の「除去食一覧表」が渡っていた。おかわりできない献立としてチヂミに「×」が付いていた。給食が始まり，女子児童からおかわりを求められた時，担任教諭は表を確認せず，女子児童の家族が作った「アレルギー食材をマーカーで印をつけた献立表」で確認してチヂミが無色であったため，担任は「大丈夫」と判断した。

　給食終了後，担任は，次の体育の授業のために先に着替えるように指示した。その後清掃開始時間になり，女子児童は気分が悪いとと訴え，呼吸が苦しそうだった。担任教諭は，そばに行って「大丈夫か」と尋ねたが女子児童は「大丈夫」と答えた。担任教諭は別の児童に養護教諭を呼びに行かせるとともに，女子児童がをランドセルに携帯している「エピペン®」を，打つか尋ねたが，女子児童は「打たないで」と答えた。駆けつけた養護教諭は，担任教諭に救急車を要請するように伝えた。

　担任は救急要請後，保護者の携帯に連絡したが，通信状態が悪く中断，その後保護者から職員室に連絡があり，「エピペン®を打つよう」に求めた。養護教諭は，女子児童がトイレに行きたいと言ったため，背負ってトイレに運んだ。女子児童は反応がなくなっていた。

　一方，校長は，救急車受け入れが可能か玄関等を確認し，女子児童のいるトイレに向かった。教諭のひとりが教室から持ってきたエピペン®を校長が女子児童に打った。症状を訴えてから，校長がエピペン®を打つまでに10分以上あった。救急搬送されたが，午後4時29分死亡が確認された。アナフィラキシーショックとみられる。

　平成25年9月，東京都教育委員会は，当時担任だった男性教諭を停職1か月，校長を戒告の懲戒処分とした。

　調布市立学校児童死亡事故検証委員会「調布市立学校児童死亡事故検証結果報告書」平成25年3月参照。

☞ *学ぶポイント*

事例に出てきた次の言葉を説明できる？
1　除去食
2　アナフィラキシーショック
3　エピペン

☞ *考えるポイント*
どうすれば防げたのだろうか？

 除去食とは

　給食から申請のあった原因食品を除いて提供するものをいう。学校給食での食物アレルギー対応は，**表3-1**（後掲）の四つのレベルに大別される。このうちレベル3・4がアレルギー食対応といわれ，学校給食における食物アレルギー対応の望ましい形とされている。しかし，給食調理の状況によっては，無理な対応を行うことは，かえって事故を招く危険性もある。保護者とよく話し合い協力して対応することが大切である。

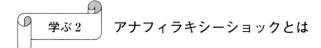 アナフィラキシーショックとは

　アレルギー反応により，じんましんなどの皮膚症状，腹痛や嘔吐などの消化器症状，呼吸困難などの呼吸器症状が，複数同時にかつ急激に出現した状態をアナフィラキシーという。
　意識の障害などがみられる重症の場合には，まず必要に応じ一次救命措置を行い，医療機関への搬送を急ぐ。医療機関から「エピペン®」を処方され，携行している児童生徒に対しては，できるだけ早期に注射することが効果的であるとされている。食物アレルギーやアナフィラキシーへの対応については，公益財団法人日本学校保健会のHPにわかりやすく説明されている。確認しておくとよい。
　また，特殊型として原因食物を摂取後に運動を行った時に引き起こる「食物依存性運動誘発アナフィラキシー」という病型が近年注目されている。比較的稀な疾患であるといわれているが，中学生・高校生になって初めて発症することが多く，起きてしまうと，重症化することも多い。まだ社会的に周知が十分とはいえないと思われる。教師だけではなく，児童生徒や保護者にも情報提供を行うとよい。
　食物アレルギーだけではなく，アレルギー全般に対する対応を示したものとして，先に挙げた「学校のアレルギー疾患に対する取り組みガイドライン」がある。

第3章　給食の時間に…

学校給食における対応のレベル

○ レベル１：詳細な献立表対応
　学校給食の原材料を詳細に記入した献立表を家庭に事前に配布し，それを基に保護者や担任などの指示もしくは児童生徒自身の判断で，学校給食から原因食品を除外しながら食べる対策。すべての対応の基本であり，レベル２以上でも詳細な献立表は提供すること。
○ レベル２：一部弁当対応
　普段除去食や代替食対応をしている中で，除去が困難で，どうしても対応が困難な料理において弁当を持参させる。
○ レベル３：除去食対応
　申請のあった原因食品を除いて給食を提供する。
○ レベル４：代替食対応
　申請のあった原因食品を学校給食から除き，除かれることによって失われる栄養価を，別の食品を用いて補って給食を提供する。

出所：文部科学省　事務連絡（平成25年3月22日）「学校給食における食物アレルギー等を有する児童生徒への対応について」。

教職員全体で理解を深めておくとよい。

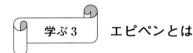

学ぶ3　エピペンとは

エピペン®を取り扱っている医薬品会社のホームページには次のように説明されている。

　アナフィラキシーがあらわれたときに使用し，医師の治療を受けるまでの間，症状の進行を一時的に緩和し，ショックを防ぐための補助治療剤（アドレナリン自己注射薬）です。あくまでも補助治療剤なので，アナフィラキシーを根本的に治療するものではありません。エピペン注射後は直ちに医師による診療を受ける必要があります。

1 食物アレルギーによる事故

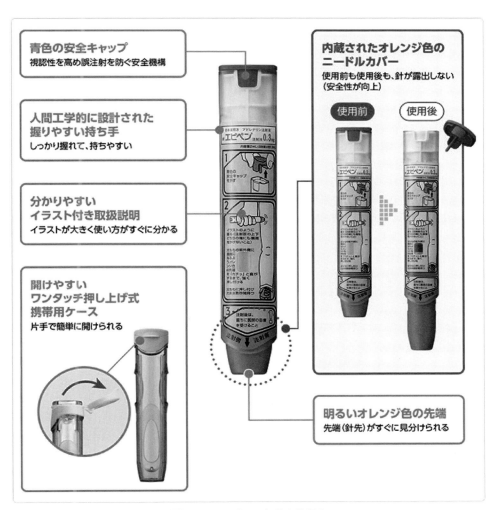

図3-1　エピペンとその仕組み
出所：ファイザー HP　http://www.epipen.jp/about-epipen/photo.html

第3章　給食の時間に…

考える　不注意防止・教職員研修

　市町村の教育委員会では，給食における食物アレルギー対応のためのマニュアルが作成されている。しかしながら，この事例のように，過程のどこかでミスが発生することは十分にありうることである。関わる教職員がマニュアルにそって機械的なチェックをするだけではミスが見逃されることになる。教職員だけでなく，児童生徒，保護者が協力して注意喚起をする体制をどのように整えるのかを考えよう。

　また，緊急時にはすべての教職員が対応できるようにする必要がある。現在教職員が研修すべき内容は多岐にわたり，研修計画が過密化している。新たに必要なこうした研修をどこでどのように行うのか考えてみよう。

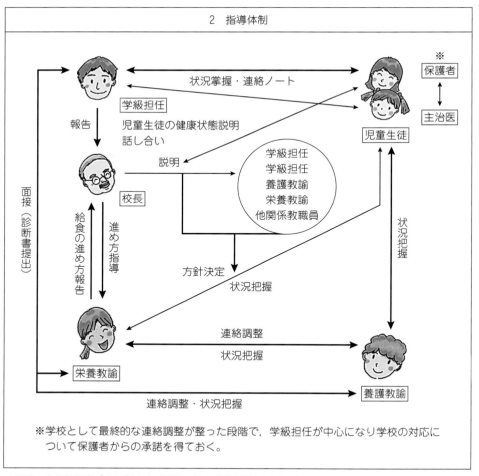

※学校として最終的な連絡調整が整った段階で，学級担任が中心になり学校の対応について保護者からの承諾を得ておく。

出所：文部科学省『食に関する手引き　第1次改訂版』平成22年3月，244頁。

食物アレルギーへの学校の対応を統計から考える

　ここでは，「学校給食における食物アレルギー対応に関する調査研究協力者会議」による「学校生活における健康管理に関する調査（中間報告）」（平成25年12月15日）と「今後の学校給食における食物アレルギー対応について最終報告」（平成26年3月）から，学校による食物アレルギーへの対応について考えみる。
　平成25年に行われた調査では，小中高の児童生徒のうち，食物アレルギーの罹患者は4.5％，アナフィラキシーの既往者は0.5％であり，これはそれぞれ平成16年の1.7倍，3.6倍に増加している。
　その一方で，**表3-2**からもわかるように，最終報告書では「アレルギー対応に際して，医師の診断書等の提出がないまま，保護者からの申出だけで対応するなど，アレルギー症状等の正確な状況を把握できていない可能性が高いこと」が指摘され，「食物アレルギーは，アナフィラキシーを発症するリスクを抱えており，生命に関わるような重篤な状態になることもあり得る。学校が，こうした児童生徒に対応するに当たり，保護者からの申出のみを対応の根拠とすることは，安全管理の観点から，非常に大きな問題がある」ことから，改善が求められている。
　また，対応が困難な理由として学校は，「曖昧な医師の診断33.3％，曖昧な医師の指示27.8％」を挙げている。
　正確な情報の把握と共有は，教職員の不安や負担を軽減することにつながる。より的確な対応をするためにも，医師の診断書，さらには明確な指示など医療の協力が必要である。
　同調査では，「学校のアレルギー疾患に対する取り組みガイドライン」及び「学校生活管理指導表」に基づいて対応している学校は，調査対象の小中学校の95.9％に達しているが，「ガイドラインの周知」については，「全ての教職員」にされている学校は，小学校で77.8％，中学校では，64.4％にとどまっていることがわかった。
　緊急時対応の課題においても，「校内周知」との回答が4割に達している。「マニュアル作成」は，校内の共通理解を図るためのものでもあり，そうしたことから考えると，教職員全体の情報共有と共通理解が喫緊の課題であるといえる。

第3章 給食の時間に…

表3-1 アレルギー疾患り患者（有症者）数（平成25年8月現在）

	食物アレルギー	アナフィラキシー*	エピペン®保持者**
小学校	210,461 (4.5%)	28,280 (0.6%)	16,718 (0.4%)
中学校・ 中等教育学校	114,404 (4.8%)	10,254 (0.4%)	5,092 (0.2%)
高等学校	67,519 (4.0%)	4,245 (0.3%)	1,112 (0.1%)
合　計	453,962 (4.5%)	49,855 (0.5%)	27,312 (0.3%)

注：（　）内の数字は，「調査対象児童生徒数」に対する各疾患の割合を示す。合計には校種不明の対象数を含む。
出所：学校給食における食物アレルギー対応に関する調査研究協力者会議資料「学校生活における健康管理に関する調査（中間報告）」（平成25年12月15日），1頁。

表3-2 アレルギー疾患のり患者のうち，学校生活管理指導表（アレルギー疾患用）や医師の診断書等の提出があった児童生徒

	食物アレルギー	アナフィラキシー*	エピペン®保持者**
小学校	64,248 (30.5%)	11,638 (41.2%)	5,335 (31.9%)
中学校・ 中等教育学校	15,563 (13.6%)	3,200 (31.2%)	1,330 (26.1%)
高等学校	3,405 (5.0%)	1,162 (27.4%)	566 (50.9%)
合　計	97,088 (21.4%)	18,477 (37.1%)	8,410 (30.8%)

注：同上。
出所：同上，2頁。

表3-3 学校におけるエピペン®の使用
（平成20年4月から平成25年8月の期間の集計）

	本　人	学校職員	保護者	救急救命士	合　計
小学校	50	66	79	57	252
中学校・ 中等教育学校	37	19	11	4	71
高等学校	24	9	2	1	36
合　計	122	106	114	66	408

出所：同上，2頁。

1　食物アレルギーによる事故

表 3-4　緊急時対応に関する課題（複数回答）
（対象579校　小学校413校　中学校166校）

	管理職	養護教諭	栄養教諭等＊
校内周知	239校 (41.3%)	240校 (41.5%)	237校 (40.9%)
マニュアル作成	237校 (40.9%)	233校 (40.2%)	237校 (40.9%)
エピペン®使用	209校 (36.1%)	167校 (28.8%)	173校 (29.9%)
校医・主治医との連携	146校 (25.2%)	123校 (21.2%)	130校 (22.5%)
医療機関との連携	140校 (24.2%)	115校 (19.9%)	124校 (21.4%)
消防機関との連携	138校 (23.8%)	95校 (16.4%)	90校 (15.5%)

注：＊栄養教諭・学校栄養職員未配置校については，給食主任やセンター所属の学校栄養職員等が回答。（以下同じ。）
出所：「今後の学校給食における食物アレルギー対応について調査結果速報」（平成25年12月16日），3頁。

第3章　給食の時間に…

2　食べ物による窒息事故

事例3　給食白玉団子による窒息事故（係争中）

給食白玉団子による窒息事件

　平成22年2月10日，当時小学1年生であった男子児童が，給食の白玉汁に入っていた団子を吸い込み，窒息した。その後，3年間意識が戻らない状態であったが，平成25年1月，意識が戻ることがないまま死亡した。平成25年7月26日に宇都宮地方裁判所真岡支部へ損害賠償請求の訴訟を提起した。

―第三者委員会による報告書―

　真岡市公立小で2010年2月，当時1年生の男児が給食の白玉団子をのどに詰まらせ意識不明となり，ことし1月に亡くなった事故を受け，同市教委が設置した有識者による第三者委員会は11日，再発防止策をまとめた報告書を教育長に提出した。事故は「予測困難で極めてまれ」とした上で，学校と関係機関の情報共有のほか，国に「省庁横断的な対策を講ずる組織が必要」などと提言した。

　報告書などによると，白玉団子の製造会社には事故以前に窒息事故の報告がなかった点や，同第三委の調査で白玉団子による5歳児以上の窒息死亡事故が全国でほかに2件のみだった点を挙げ，「予測困難な極めてまれな事故」と判断。同市内の給食で30年以上提供されてきた白玉団子だが事故はなかったといい「危険性はほとんど認識されてこなかった」と指摘し，今回の原因は「わからない」とした。

　　（下野新聞　2013年11月12日　朝刊，引用者により個人名等を除く変更を行った。）

2　食べ物による窒息事故

事例4　給食プラムによる窒息事故

> **給食プラムによる窒息事故**
>
> 　平成25年6月27日，北海道の市立小学校から特別支援学級に通っている小学2年の男子児童が，給食で出たプラムの種をのどに詰まらせた。教師たちが，掃除機などを使って種を取ろうとしたが，取り出せず，児童は呼吸困難となり，病院に搬送されたが，死亡が確認された。

☞ **考えるポイント**
小学校でも窒息事故は発生するの？

考える　窒息事故

　乳幼児や高齢者では食物による窒息事故の発生が知られている。しかし，先の事例はともに5年以内に発生したものであり，死亡に至る重大事故である。特に，事例4のように特別な支援が必要な児童生徒については，文部科学省は事故のたびに，注意を喚起する通知を出している。平成24年にも「障害のある幼児児童生徒の給食その他の摂食を伴う指導に当たっての安全確保について（通知）」が出されている。

　予防には，まず「よく嚙（か）む」「口いっぱいに入れない」「一気に飲み込まない」，など基本的な食の指導が大切である。また，食べながらふざけたり，歩き回ったりすることは，窒息だけでなく，他の事故の原因ともなる。マナーということを越えて，安全のためにも指導が必要である。

第4章
登下校の間で…

小中学校では，児童等の居住地域ごとに，通学の順路・集合場所及び交通状況等を総合的に考慮して，保護者と協議し，必要に応じて所管警察署等関係機関と調整して「通学路」を設定している。

　しかしながら，独立行政法人日本スポーツ振興センターの「通学中の事故の現状と事故防止の留意点　調査研究報告書」（平成26年3月）によると平成11年〜平成24年の間で発生した死亡事故は，交通事故330件，転倒転落18件，水面への転落13件，大雨7件などとなっている。

　登下校中の事故では，裁判などで直接学校の責任が問われることは少ないとはいえ，やはり，学校は安全確保に努めなければならない。

　本章においては，最近悲惨な事故が続いている「交通事故」と「転落事故」，「転倒事故」について，考えていきたい。

1 交 通 事 故

事例1　**亀岡市登校時交通事故**（係争中）

亀岡市登校時事故

（平成24年4月23日発生，京都家裁平25.10.16刑確定，平成26.6.23損害賠償請求提訴，係争中　京都地検）

　事故を起こしたドライバーの少年（無職）は，以前から無免許運転を繰り返していた。事故の約2年前には無免許でバイクを運転し，集団暴走の道路交通法違反容疑で逮捕され，家裁で保護観察処分を受けていた。

　事故前日の4月22日は午前0時ごろから友人ら8人前後で2台に分乗してドライブを始め，京都市内と亀岡市内を走り，30時間以上ドライブを続けた。少年は22日明け方から運転を始め，仮眠をとりながらドライブを続けた。事故発生時は友人と3名で乗車していた。

　事故現場近くの亀岡市立小学校では集団登校が実施され，事故当時，集団登校をする児童らの最後尾に保護者が1名引率していた。23日午前8時ごろ，少年ら3人が乗った軽自動車1台が居眠り運転で児童らの列に突っ込み，後ろにいた保護者から順番に10人を次々とはねた。引率していた保護者の胎児の死亡が確認され，保護者と児童1名も死亡し，残りの児童も重軽傷を負った。29日未明には小学3年生の児童1名が亡くなり，死者は3名となった。

　現場は小学校近くの府道で道幅が狭いが，並走する国道9号の抜け道となっており，交通量は少なくなかった。スピードを出す車が多く，PTA等から安全対策に対する要望が出されていた。

　亀岡警察署は運転していた少年を自動車運転過失致死傷と道路交通法違反（無免許）の容疑で逮捕し，同乗していた少年2名（いずれも無免許）も無免許運転幇助の容疑で逮捕・送検した。後に，京都家裁は，自動車運転過失致死傷罪と道交法違反（無免許運転）の罪に問われていた無職少年（19）の刑を懲役5～9年の不定期刑で中等少年院送致に確定した。

　その後，遺族8人が，加害者である無免許運転の元少年（20）と車の所有者と同乗

第4章　登下校の間で…

> 者たちグループを相手に，それぞれの保護者に対して慰謝料・損害賠償を請求し，京都地裁へ提訴をした。請求額は約1億1000万円。

☞ *学ぶポイント*
交通安全指導はどのようなところに重点を置けばいいの？

☞ *考えるポイント*
通学路の設定はどのようなことに留意して行うべきなの？

 学　ぶ　　交通安全指導のポイント

　　　3．危険性を予測し，自らの身を守るための交通安全教育の効果的な促進について

(1)　危険を予測し，回避するという交通安全教育の基本の徹底が重要
○ 子どもたちに交通ルールを守ることを教育することは大前提であるものの，自分さえ交通ルールを守っていれば安全というものではない。自分がルールを守っていても，守らない人によって事故に遭うことがあるということを認識させることが重要。青信号になったからと言って，いきなり走り出さないなど，自分の身の安全を守るために必要なことをしっかり伝えることが大切。
○ 子どもが危険性を認識（予測）することができるようになる交通安全教育カリキュラムの研究や訓練が必要。
　　交通ルールを守るということだけではなくて，エンジンがかかっている車はいつ，どういう動きをするか分からないことや，車の近くで自分がしゃがんだら，運転者の目には見えない，というような危険性をきちんと教育する必要がある。形どおりの交通ルールを形どおり教えるだけでは今般のような事故は防げないという状況にも対処していく必要がある。
○ 歩行者や自転車利用者のマナーが欠けている。「マナーを守らないことは，恥ずかしいことである。」という教育を子供の頃から行う必要がある。
　　マナー以前に交通ルールはきちんと守ることを改めて徹底することが必要。

(2)　児童生徒・保護者に対するより実践的な交通安全教育・指導が重要
○ 児童生徒の発達の段階に応じた安全指導・安全学習が重要。その際，主体的に行動す

> る力を身に付けさせることが大切。この力が，危機を予測して，それを回避する力につながる。しかし，学校における安全教育に関する指導時間が少ない。安全教育の時間確保が必要。
> ○ 静岡県では，交通安全指導員などが学校と連携して児童生徒や保護者に交通安全指導を行うとともに，通学安全マップの作成についても指導している。
> 　子どもの目線から見た危険箇所をマップにして，学校に貼り出したり，家庭への配付を行っている学校もある。
> ○ 小学校低学年の児童には，動画や写真等はインパクトに残る。パソコン機器やビデオなどを用いて教育することが効果的。そうした教材・教具の活用に関する教員に対する指導についても重要。
> 　例えば，交通ルールを地元の道路の写真に合わせて教えると，低学年の児童は，身近な場所が写っているというだけで興味を持って考え始める。
> 　子どもたちに対して，どのように，大事なことをおもしろく，しかもできるだけ印象的に伝えるかを考えることも重要

出所：文部科学省・国土交通省・警察庁「通学路の交通安全の確保に関する有識者懇談会意見とりまとめ」（平成24年）。

　この指導ポイントにおいて特に注目すべきは，以下の3点である。

　第1に，「自分さえ交通ルールを守っていれば安全というものではない」ことを指摘している点である。自分がルールを守っていても事故に巻き込まれてしまう危険性がある現実と向き合わせることで，危険を予測し，自分の身を守る姿勢の徹底を図る必要性を強調している。ともすれば，形式的な指導にとどまりがちな交通安全指導を身のまわりの危険性を具体的に認識できるような指導に改善する教育課程の研究が一層求められている。

　第2に，子どもの発達段階に応じた安全指導・安全学習を重視している点である。従来の交通安全指導は，ともすれば「大人の目線」から交通ルールや危険箇所などを一方的に教える形に終始していた。そこから，「子どもの目線」に立ち，児童生徒の成長過程に即応した，適切な指導方法への転換の必要性を説いているのである。

　第3に，学校における安全教育に関する指導時間を確保する必要性について言及している点である。これは，実際の学校現場では主体的に行動する力を育む実践的な交通安全教育の大切さと，安全教育に費やす実際の指導時間の不十分さとの間に齟齬が生じているという状況の改善を求めるものである。しかしながら，

この問題が学校や教師のみに起因し，学校単体で解決すべきものとして扱うことには注意を要する。近年，学校現場では，社会の変化や教育改革という名の下に，指導すべき分野が急激に増大している状況が見られる。指導時間等の不足について，現場の責任として問題を矮小化するのではなく，家庭や地域，関係機関が「子どもの命を守る」という視点から連携し，解決すべき重要な問題としてとらえ直すことが肝要である。

 留意点

○「児童生徒の通学路の設定及び点検等について」

平成20年2月25日19教健第811号教育長
各教育事務所長・支所長

1　通学路の設定
 (1)　市町村教育委員会は，各学校（「公立幼稚園を含む。」以下同じ）や地域の実情に即した安全な通学路を検討し，それに基づいて通学路の設定をする。
 (2)　設定する通学路とは，児童生徒を登下校に際して使用する通路で，集合地点から学校までを主体とする。
 (3)　各学校は，保護者や所管警察署等関係機関と協議し，集合場所，通学路順等の図面を添えて当該教育委員会に届け出るものとする。
2　通学路の設定についての留意点
 (1)　防犯の観点や交通事情を配慮し，関係者において十分検討を重ね，可能な限り安全な通学路を設定すること。
 (2)　できるだけ歩車道の区別があり，比較的車の交通量が少ないこと。
 (3)　見通しが悪い危険箇所がなく，犯罪の可能性が低いこと。
 (4)　その他，児童生徒の通学路として適切な道路環境であること。
3　通学路の安全点検等
 (1)　各学校は，通学路の点検を常に実施し，通学路を変更する場合，関係者と協議のうえ，市町村教育委員会に届け出るものとする。
 (2)　通学路における要注意箇所等を把握した場合，関係者と共通認識を図るとともに，市町村教育委員会は関係機関と協議し改善の措置を図るものとする。
 (3)　各学校は，地域住民及び児童生徒の保護者に対して，通学路における児童生徒の通学方法その他注意事項を周知徹底して，安全教育の推進を図るものとする。

出所：『愛知県教育例規集　平成25年版』から抜粋。

通学路の設定については，愛知県では，上記のように，関係者との検討を十分に重ね，可能な限り安全な通学路を設定することに努めている。

しかし，地域社会の変化に伴い，通学路を変更する必要が生じる場合もある。たとえば，通学路に関係する工事等が行われる場合，一時的に通学路を変更しなければならない。また，住宅地の拡大や商業施設の進出などにより，通学路を大きく変更する必要が生じる場合もある。これらの際に，学校は，校長のリーダーシップの下，保護者や警察署等の関係機関と十分に協議するとともに，児童生徒，保護者，地域住民への周知を徹底することが求められる。

第4章　登下校の間で…

事例2　**児童が起こした自転車事故**（裁判事例）

神戸マウンテンバイク少年歩行者衝突事件（神戸地裁　平25.10.4）

　平成20年9月22日午後6時50分ごろ，神戸市北区の住宅街の坂道で，当時小学校5年生だった少年は帰宅途中，ライトを点灯しマウンテンバイクで坂を下っていた。しかし，知人と散歩していた女性に気づかず，正面衝突し，女性は突き飛ばされ転倒，頭を強打した。事故の影響で寝たきりで意識が戻らない状態が続いている。
　女性側は，自転車の少年は高速で坂を下るなど交通ルールに反した危険な運転行為で，母親は日常的に監督義務を負っていたと主張し，約1億590万円の損害賠償を求め，神戸地検に提訴した。
　裁判では，母親側は少年が適切にハンドル操作し，母親もライトの点灯やヘルメットの着用を指導していたとして過失の相殺を主張していた。しかし，判決では，少年が時速20～30キロで走行しており，少年の前方不注視が事故の原因と認定した。事故時はヘルメット未着用だったことなどを挙げ，「指導や注意が功を奏しておらず，監督義務を果たしていない」として，母親に計約9500万円の賠償を命じた。

☞ **考えるポイント**
　自転車事故で子どもでも加害者となることがあることをどう捉えるべきなの？

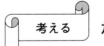　**加 害 事 故**

　自転車は，道路交通法上「軽車両」となり，自転車事故で人を死傷させた場合は，刑法の「過失致死傷罪」，さらに，非常に危険な運転で人を死傷させた場合には，「重過失致死傷罪」が問われる。
　しかし，被害者が死傷に至らなくても，信号無視や一時停止違反や灯火義務違反など道路交通法違反があれば，自転車であっても刑罰が科される対象となることがある。
　以前は，自転車の交通違反で刑罰が科せられるということはほとんどなかったが，最近では，自転車事故の増加を受けて，平成25年12月に「左側路側帯通行」に限定される改正が行われるなど，警察の取り締まりが強化されている。

1　交通事故

出所：国民生活センター「子どもサポート情報」第18号（2009.9.11）。

　加害者が児童生徒である場合，未成年者であるため，裁判例をみると，12歳以下であれば責任能力がないとされることが多い。しかし，民法714条に「監督する法定の義務を負う者は，…損害賠償する責任を負う」とある。保護者がその監督・教育する義務を負っている（民法820条）ので，その義務を果たしていないと判断された場合には，子どもに代わって賠償責任を負うことになる。子どもに責任能力があるとされた場合でも，保護者に具体的な監督義務違反があると判断されると，保護者が子どもとは別に，賠償責任を負うことがあり，裁判事例はその例である。

　中学校などでは，通学距離が長い生徒に対して，自転車通学が認められている学校も地方では多くみられる。学校での安全教育は，交通事故の被害者にならないことが中心になっていることが多い。小学校高学年や中学生に対して，加害者にならない点も盛り込んだ安全教育を考えてみよう。

第4章 登下校の間で…

交通事故の統計から考える

　通学時の重大交通事故の相次ぐ発生を受けて，文部科学省・国土交通省・警察庁が「通学路の交通安全の確保に関する有識者懇談会」を設置し，平成24年8月に意見をとりまとめた。以下に示したものは，その第3回懇談会で公益財団法人交通事故総合分析センター常務理事 山田晴利氏により提出された資料である。「交通事故総合データベース」の事故原票に「通学路」という道路区分は存在しないため，通行目的が「通学」と「下校」の事故を抽出し，さらに当事者の年齢について，小学生相当（6歳～12歳），中学生相当（13歳～15歳）を指定して事故類型として「人対車両事故」と「自転車対車両」事故を抽出したものを分析した結果である。注目すべき分析結果に下線を施しておいた。通学路の点検時の参考になるであろう。

事故の全体像—状態別年齢階層別（時系列）

○ 6歳～12歳の年齢層では「歩行中」「自転車乗用中」の重傷者数の割合が高い。
○「歩行中」の死者数，重傷者数を総体的にみると時系列的には減少傾向にある。
○ ただし6歳～12歳の歩行中の死者数は，全目的，登校・下校目的のいずれでも近年増加している。
○「登校・下校目的で歩行中」の死者が「全目的の歩行中死者」に占める割合は，平成22年には38％，平成23年には42％であった（6歳～12歳）。

危険認知速度・車道幅員別の歩行中死者数（H22）

○ 単路よりも交差点での死者が多い。
○ 交差点の大きさで見ると中・小交差点での死者数歩行中死が多い。
○ 危険認知速度を見ると，60キロ台の事故も見受け者数（人）られる，一方，危険認知速度が20キロ以下の低速でも死亡事故が発生している。

1　交 通 事 故

危険認知速度・車道幅員別の歩行中重傷者数（H22）

○　単路よりも交差点での死者が多い。
○　中程度の幅員の単路での事故に加えて，中・小交差点での事故が多い。
○　危険認知速度はおおむね50キロ以下。

出所：「通学時の交通事故の特性と対策―通学路の交通安全の確保に関する有識者懇談会のための資料―」
　　　より。

第4章　登下校の間で…

2　転落事故

事例3　児童生徒の転落事故

○ **中学校　2年女子生徒　転落事故死**（H23年）
　下校中，約13メートルの高さの歩道橋から道路に転落し，外傷を負う。救急車にて，搬送後，死亡した。

○ **中学校　1年女子生徒　転落事故**（H18年）
　自転車で登校中，緩やかな下り坂で前方から自動車が来たので離合するために道路左端によけ，徐行して前進していたが，バランスを崩し，自転車ごと川へ転落し，自転車のハンドルで胸部，腹部を強打した。

○ **小学校　4年男子児童　転落事故**（H18年）
　路肩を歩いていたが誤って2メートルほど下の田に転落し，コンクリートの側溝で，左眼付近を強打した。

○ **小学校　3年男子児童　転落事故**（H17年）
　下校中，急ぎ足で，道路左端を歩いていたが，ガードレールが切れている側溝に誤って転落した。そのとき，前歯が何かに当たった。

　　　　　　　　　　　　　　日本スポーツ振興センター「学校事故事例検索データベース」

☞ **学ぶポイント**
転落事故は，どのような場所でよく起きるの？

 **発生場所**

独立行政法人日本スポーツ振興センターの「学校事故事例検索データベース」

で検索してみると，平成17〜24年度の間で小学校では7件，中学校では14件（うち1件死亡事故）が報告されている。

　発生場所でみると，通学路の道路上のものは事例に挙げたものなど小学校2件，中学校3件と少なく，マンションなどの建物のからの転落事故が特に中学生で多い。登下校中の事故としてのみ受け取れないケースもある。思春期の子どもたちの心の揺らぎに配慮し，命の大切さの指導も安全指導として行う必要がある。

第4章　登下校の間で…

3　転倒事故

事例4　児童の転倒事故（事例）

○ 小学校　1年女子児童　転倒事故（H22年）
　集団登校していた。前の人との間があいたので距離をつめようと駆け出したときにつまずいて転倒し，顔面を強打し地面にあった小石で額を切った。

○ 小学校　4年男子児童　転倒事故（H21年）
　本児童は登校班の列に並び登校していた。後方を振り向き列に遅れない様に注意を促し，体勢を元に戻そうとした。この時道路右側にある側溝に右足を誤って踏み外し転倒し，頭部（額部）を側溝の角で打ち打撲した。

○ 小学校　4年男子児童　転倒事故（H19年）
　本児童は他の児童の名前を呼びかける。他の児童は名前で呼ばれるのがいやになり，持っていた傘を本児童に向けて振り回した。本児童は気にせず歩いていたが，足を踏み出そうとした瞬間，振り回していた傘の柄の部分で足を引っ掛けられ路上に転倒した。

○ 小学校　3年男子児童　転倒事故（H17年）
　下校中，通学路を走っていたところ，上級生が走って追い抜こうとし，本児童にぶつかった。その際，転倒し，顔面を地面に強打した。手に荷物を持っていたため，手を着くことができなかった。

日本スポーツ振興財団「学校事故事例検索データベース」

☞ **学ぶポイント**
　小学校では，どんな場面で転倒事故が発生しているの？

3　転倒事故

学ぶ　発生場面

　独立行政法人日本スポーツ振興センターの「学校事故事例検索データベース」で検索してみると，転落事故に比べて件数は多く，小学校では37件，中学校では36件が報告されている。小中で発生時の通学方法に違いがあり，中学校は32件が自転車通学であり，小学校は33件が徒歩である。事例には，小学校児童でよくありがちなものを挙げた。

　小学校では，通学時において，集団登下校を取り入れている学校がある。通学班では，低学年から高学年まで体格が大きく異なる児童が混在することになる。ここでは，主な指導のポイントとして，次の3点を示しておきたい。

① 適正な人員構成であること。班編制を行う際には，地区単位が基本になると思われるが，班全体の人数や学年別の構成などのバランスを考慮することが望ましい。

② 適度な歩行速度であること。小学生が歩行する際には，速度の違いから思わぬトラブルが生じることもある。低学年に配慮しつつ，通学班全体がスムーズに移動できるような並び順を検討することもひとつの方法である。

③ 適切な距離間隔であること。距離間隔が狭すぎる場合，もし高学年の児童が手に持っている荷物を揺らしたり振り回したりすると，低学年の児童の顔や頭にあたってしまう恐れがある。逆に，距離間隔が広すぎると，突然走り出して転倒や衝突する恐れもある。こうした突発的な動きが生じても事故を防ぐために，児童や地域の実態に即した適切な距離間隔を保つよう指導するとよい。

　これらについての実効性を高めるには，なによりも通学班の班長への適切な指導が大切である。学校により状況は異なるが，多くの場合，高学年の児童が班長となる。上記の点を中心にして，年度当初はもちろん，必要に応じて教師が登下校に同行しつつ，定期的に指導を重ねていくことが大切である。ただし，児童にとって過重な負担にならないような配慮も忘れてはならないであろう。たびたび班長の指示に従わない児童がいる場合などは教師が直接当該の児童の指導にあたるとともに，その保護者にも状況を伝え，協力することが大切である。

　また，保護者や地域住民に対して，登下校時の安全確保のための協力を依頼することも重要な方策である。たとえば，通学路の要所に立ってもらったり，「見

守り隊」として同行してもらったりすることが考えられる。

　一方，中学校では，自転車通学時における転倒事故の事例が見られる。自転車の無理な操作や並進時の接触などにより転倒するケースも目立つ。入学直後の１年生については，重い荷物や強風等の天候不順のためにバランスを崩し，転倒してしまうこともありうる。実際に風の強いなか，カッパを着て自転車で通学中に風にあおられて橋から転落して死亡するという事故も発生している。

　小学校でも中学校でも，必要以上の用具を持って登下校することがないよう，計画的に指導していくことが重要である。多くの荷物を持ち運ぶ必要がある場合は，事前に児童生徒や保護者に周知することも配慮すべきであろう。また，傘を使用する場合，天候によっては危険性が増大することも予想される。天候等の状況によって，カッパの準備や使用を推奨するといった柔軟な対応が求められる。

第 5 章

部活動で…

平成24年7月に提出された「体育活動中の事故防止に関する調査協力者会議」（文部科学省）の報告書によれば，平成10年度から平成21年度までの間に，体育活動中における死亡または重度の障害の事故は590件である。

　そのうち，運動部活動の占める割合は，小学校で3.3％，中学校58.0％，高校61.1％と学年が進むにつれ比率が高くなる。また部活動の競技種目別でみると，柔道50件，野球35件，バスケットボール33件，ラグビー31件，サッカー26件の順になっており，その主な原因は，熱中症や心臓疾患等の突然死と頭部外傷である。なかでも死亡または重度の障害事故は柔道がこの12年間で50件と最も多い。

　本章においては，予防・対応がかなり改善されてきたが，異常気象等の影響もあり発生が続いている熱中症と，学習指導要領の改訂による「武道必修化」に伴い注目を集めている柔道を取り上げ予防と対応を考えていきたい。

1 熱中症による事故

事例1 ラグビー部練習中の熱中症死亡事故（裁判事例）

「ラグビー部練習中の熱中症死亡事故」（神戸地裁　平15.6.30）

　ラグビー部に所属していた中学1年生のAは，家庭の事情で，夏季早朝練習に四日目から初参加した。練習は，午前6時40分頃から始まり，パスやダッシュ，軽いジョギングなどが行われた。Aは練習についていけず，その場に仰向けに倒れこんでしまった。指導者Bは，Aを見学者に任せ，練習の指導に当たった。8時過ぎの休憩時には，Aは反応するだけの状態になり，8時40分頃にAの状態が良くないため，Bは保健室へ連れて行くよう指示した。9時に119番通報し，10時27分に救急センターに搬送されたが，翌日，熱中症による多臓器不全で死亡した。

☞ **学ぶポイント**

1　熱中症を予防するための指導ポイントは？
2　WBGT（暑さ指数）て何？
3　熱中症の症状（危険性）の見分け方と対応は？

☞ **考えるポイント**

事例1の指導者の対応で問題点はどこにあるの？

―**判　決**―

　既に学校管理下における熱中症死亡事例が報告報道されている状況のなかで，熱中症の危険性と予防対策は，体育教師関係者にとって当然身に付けておくべき必須の知識である。顧問が異常な兆候が見られたとき，適切な救護措置をとっておれば死亡は回避できたものと認定。慰謝料として，C市は原告にそれぞれに2080万円余を支払うことを命じる。

　なお，ラグビー部指導者Bについては，刑事事件の加害者としても業務上過失致死罪で

書類送検され，その後，罰金刑が確定している。

 熱中症を予防するための指導ポイント

1　直射日光の下で，長時間にわたる運動やスポーツ，作業を避けること。特に，30℃を超える場合，屋外運動は控え，35℃を超える場合は運動禁止の配慮が必要。
2　帽子をかぶらせ，できるだけ薄着をさせること。ただし，肌が直射日光にさらされる服装は避けた方がよい。
3　こまめに水分（0.2％食塩水あるいはスポーツドリンク等）を補給し，適宜休憩を入れること。
4　常に健康観察を行い，児童生徒の健康管理に気を配ること。個人差や体力差を把握し，一人一人の子どもに寄り添った健康管理に心がけること。
　　　（特に肥満傾向の児童生徒は，熱中症事故の70％以上を占めている。）
5　児童生徒が心身に不調を感じたら指導者に訴えて休むよう習慣付け，自分の健康管理ができるようにすること。
6　炎天下におけるランニングやダッシュの繰り返しによる熱中症事故は多く，天候や体調を十分に配慮すること。
7　定期試験の後や休み明けなど睡眠不足や疲労が蓄積しているときの部活動では，激しい運動は避けること。

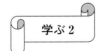 WBGT（暑さ指数）

　暑さ指数WBGTは，Wet Bulb Globe Temperatureの頭文字で，熱中症を予防することを目的として1954年にアメリカで提案された指標である。人体の熱収支に与える影響の大きい①湿度，②日射・輻射（ふくしゃ）など周辺の熱環境，③気温の3点を取り入れた指標である。単位は気温と同じ摂氏度（℃）で示される。暑さ指数が，28℃以上になると急に熱中症の発生が増えることが統計からわ

かっている。

　この暑さ指数を利用したさまざまな「熱中症指数モニター」と呼ばれるものが発売されており，多くの学校で配備されている。

 熱中症の症状（危険性）の見分け方と対応

① 熱中症の症状の見分け方

　熱中症の症状は，個人差があり一様ではなく，症状が重くなると生命にかかわることもある。しかし，迅速で適切な応急措置を講じることで助けることもできる。

　では，熱中症ではどんな症状が患者に現れるのか。個人差はあるものの，熱中症の症状によって，患者の重症度を認識することが可能であり，その症状に対応した応急措置を施すことが重要である。

② 熱中症児童生徒への対応

　Ⅰ度　現場での応急措置で対応できる軽症のものであり，風通しの良い日陰や，クーラーが効いている室内に避難させたり，衣服を脱がせて体から熱を放散させたりすることが効果的である。

　Ⅱ度　病院への搬送を必要とする症状であり，迅速かつ組織的に対応することが求められる。

　Ⅲ度　入院して集中治療の必要性のある重篤な症状であり，特に，「意識がない」などの脳症状の疑いがある場合のサインは見逃さないことが大切であり，命にかかわる危険な状態である。

　これらⅡ度，Ⅲ度の症状の場合は，速やかに救急センターに連絡するとともに，その間の応急措置として氷のう等で頸部や腋の下，大腿部の付け根などを冷やし，体温の冷却をできるだけ早く行うことが重要である。

　熱中症が発生した場合，指導者がひとりで抱え込みパニック状態になる場面がしばしばみられる。周りの教職員や児童生徒の協力を得て，冷静かつ迅速に対応することが重要となる。熱中症の事故事例を見ると，時間との闘いであり，対応の遅れが死亡事故や重大事故につながるケースが多いことがわかる。

表5-1　熱中症の症状による重症度

Ⅰ度	めまい・失神，筋肉痛・筋肉の硬直，大量の発汗
Ⅱ度	頭痛・気分の不快・吐き気・嘔吐・倦怠感・虚脱感
Ⅲ度	意識障害・痙攣・手足の運動障害，高体温

出所：公益財団法人全日本柔道連盟「柔道の安全指導」2011年第3版。

　熱中症については現在では必須の知識であり，判例においても予見できる事故と認識されている。教職員は，研修を積み，応急措置ができるようになるとともに，日頃から校内の危機管理マニュアル等で緊急時の対応策について共通理解しておくことが重要である。また校内システムとして組織的に迅速かつ適切に対応することができるよう情報共有に努めていくことが大切である。

　指導者の対応の問題点

1　体調不良を訴えた生徒への対応
2　重度熱中症への認識不足
3　根性論やしごきの指導の風潮
4　学校事故における刑事訴訟（死亡事故等の重大な事故）

熱中症による死亡事故統計から考える

　部活動における熱中症による死亡事故は，昭和50年から平成22年までに，135件発生している。月別発生傾向をみると，7月中旬から8月下旬までで，116件と90％近くを占めている。

　また，部活動の種目別をみると，野球やラグビーなどの屋外のスポーツ多いが，屋内の防具や厚手の衣服を着用しているスポーツでも多く発生している。「暑さ指数」などを利用して部活動を中止するという判断もすべきである。日本体育協会「スポーツ活動中の熱中症予防ガイドブック」では，気温35℃，暑さ指数31℃で「運動は原則中止」としている。

　また，バレーボール部活動中，体調が悪くなったので見学し，終了後に友人と一緒に下校。自転車を押しながら，ふらふらしつつも上り坂を上がったあと，後ずさりしながら後ろに倒れ，友人が渡したジュースを1本飲んだ後，意識がなくなり，けいれんを起こし救急車で病院へ搬送したが，死亡したという例もある。症状がすぐに現れないこともある。熱中症の症状が治まっても安静にさせて経過を見守るなどの配慮が必要である。

表5-2　部活動における熱中症死亡事故の種目別発生件数

種　目	1位 野　球	2位 ラグビー	3位 柔　道	4位 サッカー	5位 剣　道
件　数	35	15	14	13	10

出所：「体育活動中の事故防止に関する調査協力者会議　報告書」（平成24年7月）。

第 5 章 部活動で…

WBGT℃	湿球温度℃	乾球温度℃		
31	27	35	運動は原則中止	WBGT31℃以上では，特別の場合以外は運動を中止する。特に子どもの場合には中止すべき。
28	24	31	厳重警戒 （激しい運動は中止）	WBGT28℃以上では，熱中症の危険性が高いので，激しい運動や持久走など体温が上昇しやすい運動は避ける。運動する場合には，頻繁に休息をとり水分・塩分の補給を行う。体力の低い人，暑さになれていない人は運動中止。
25	21	28	警　戒 （積極的に休息）	WBGT25℃以上では，熱中症の危険が増すので，積極的に休息をとり適宜，水分・塩分を補給する。激しい運動では，30分おきくらいに休息をとる。
21	18	24	注　意 （積極的に水分補給）	WBGT21℃以上では，熱中症による死亡事故が発生する可能性がある。熱中症の兆候に注意するとともに，運動の合間に積極的に水分・塩分を補給する。
			ほぼ安全 （適宜水分補給）	WBGT21℃未満では，通常は熱中症の危険は小さいが，適宜水分・塩分の補給は必要である。市民マラソンなどではこの条件でも熱中症が発生するので注意。

図 5 - 1　暑さ指数と運動

出所：日本体育協会「スポーツ活動中の熱中症予防ガイドブック」（平成25年）より作成。

2　柔道における事故

事例2　中学校の柔道事故（裁判事例）

> 「横浜市立A中学校の柔道事故」（横浜地裁　平23.12.27）
>
> 　平成14年12月24日，横浜市立A中学校柔道場で，全国的な大会で優勝の経験もある柔道部顧問Bとの乱取りで中学校3年生Cが，顧問の絞め技により意識が薄れ，受身がとれずに倒れたまま意識がなくなった。
> 　すぐに駆けつけた養護教諭が，右の瞳孔が開いていることを確認し救急車を要請した。大学病院で手術を受けたあと，三日後に意識を取り戻したが，急性硬膜下血腫の後遺症のため重度の障害を被ることとなった。
> 　損害賠償請求が起こされ，その際，原告Cが高等学校への推薦を断ったことや原告の態度に立腹して，制裁を加える目的で原告Cを負傷させたという主張も併せてなされた。

☞ **学ぶポイント**
　1　柔道の指導では，重大事故を防ぐためにどんな安全管理が必要なの？
　2　部活動顧問や学校側の過失とは？

☞ **考えるポイント**
　文部科学省の通知やガイドライン，専門家による指導ポイントをどのように実践の場で生かすの？

判　決

　被告から技をかけられる中で，その頭部に急激な回転力が加わったことにより，脳内の静脈が損傷したと因果関係を認定した。さらに，半落ち状態で乱取りを続ければ重大な障害を招くことが柔道の指導者である被告Bは予見できたものとして過失を認めた。横浜市

と神奈川県に約8900万円の賠償を命じた。

但し、原告Cが高等学校への推薦を断ったことや原告の態度に立腹して、制裁を加える目的で原告Cを負傷させたという原告側の主張については、そうした意図があったとまでは認められないと退けた。

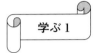 **重大事故を防ぐための柔道指導における安全管理**

平成20年度の学習指導要領改訂において中学校における武道の必修化にともない、柔道における事故が全国的に増加している。指導者不足の問題だけでなく、柔道の指導及び安全管理の在り方が問われている。

柔道では、児童生徒の体格差や経験の違いなど個人差の大きいスポーツであり、リスクも高い。そのため、格闘技の相手をどう組ませるのか、指導技術のスキルアップをどうするのか、指導者のきめ細かな安全管理が必要なスポーツである。

ここでは、文部科学省から各都道府県教育委員会等に出された通知、文部科学省の調査研究協力者会議による「学校における体育活動中の事故防止」の内容について、重要な個所を紹介する。重大事故を防ぐために、指導や管理の在り方について、体育科教員や部活動担当者だけでなく学校全体の問題として、これらの資料を参考にして、生徒の実態等をどのように反映させるのか検討を行ってみよう。

武道必修化に伴う柔道の安全管理の徹底について（依頼）

(1)イ）指導者について、柔道を開始する時点において、一定の指導者又は研修歴をもった教員が指導に当たる体制づくりを、体制が確保できない場合は外部指導者の協力を得ることになっているか。

(2)①指導計画について、3年間を見通した上で、学習段階や個人差を踏まえ、段階的な指導を行うなどの安全の確保に十分配慮した計画となっているか。
　・第1学年及び第2学年においては、受身の練習を段階的かつ十分に行った上で、指導する技や時期を定め、技と関連させた受身の指導をする。
　・受身がとれるようになった後、投げ技のかかり練習や約束練習など段階的に行うこと。

・第3学年では，生徒の技能の上達や程度等を踏まえ，安全上の配慮を十分に行った状態で，使用する技や時間を限定するなどして，簡単な試合まで計画することも考えられる。

②生徒の学習段階や個人差を踏まえた無理のない段階的な指導を行うこと。学習指導要領の解説で示している「大外刈り」等の技は，あくまで例示であり，記載された全ての技を取り扱う必要はないこと。

(平24.3.9　文部科学省スポーツ・青少年局長)

柔道を安全に進める上でのポイント

○外部指導者と連携して指導計画や展開について十分な打合せをする。
○生徒の健康状態を把握し体調等を確認し，異常を感じたら運動を中止する。
○指導中の突発的な脳震盪等を軽視せず，迅速かつ適切な措置を講じる。
○技能の程度や体力の大きく異なる生徒同士を組ませることは避ける。
○「頭を打たない」「頭を打たせない」ことを前提に受け身の指導をする。
○固め技は抑え技のみに扱い，生徒間でふざけて行わないように注意する。
○指導中に体調不良や異常を訴えた場合，安易に授業に復帰をさせない。

(体育活動中の事故防止に関する調査研究協力者会議「学校における体育活動中の事故防止について　平成24年7月」報告書より抜粋)

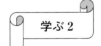

学ぶ2　部活動顧問や学校側の過失

　事例1では，絞め技により意識が薄れ，半落ち状態のなかでの乱取りは，受け身が取れなくなるなど危険があること，経験豊富な指導者であれば十分理解しているはずであるのに，乱取りを続けたことについて過失と認定している。

　本事故が発生したのは部活動時であったが，文部科学省は，「部活動は学校教育の一環であるため，校長・教頭等の管理職は，部活動顧問に委ねることなく，その指導を適宜監督し，教育活動としての使命を守ることが求められる」(「体罰の禁止及び児童生徒理解に基づく指導の徹底について（通知）」24文科初第1269号　平成25年3月13日より抜粋)としており，部活動は学校教育活動の範疇であり，学校には安全配慮の責任があることは明確である。

第5章 部活動で…

　公立学校における教育活動中に発生した事故等による損害については,「国家賠償法」により,教師個人がその責を負うことは一般的にはないが,次の事例のように,指導や対応を誤ると,刑法による「業務上過失致死」が問われることもある。

事例3　中学生柔道部員死亡事故

中学生柔道部員死亡事故

　静岡県の町立中学校の男子柔道部で,6月27日午前7時半ごろから,体育館内の武道場で部員15人ほどで練習をしていた。ランニングと立ち技の練習後,約10分の休憩を挟み,顧問の男性教諭の指導で1年生部員と受け身の練習を始めた。午前8時半ごろ,1年生6人が,1人を投げ役にして受け身の練習をしていた。死亡した生徒は何度か投げられたあと,順番を待っていた時に意識を失って倒れた。男性教諭が駆けつけた際には意識はなく,近くにいた別の教師が119番通報した。入院先の病院へ搬送された後,脳内出血で7月6日に死亡した。死亡した生徒は同中学に入学後に柔道部に入部,柔道は初心者だった。

　三島署は,平成24年1月11日,業務上過失致死の容疑で柔道部顧問だった男性教諭を書類送検した。しかし,平成24年7月31日,静岡他県沼津支部は,「具体的予見,回避可能性が認められず,教諭の過失を認めることは困難」として,嫌疑不十分で不起訴処分とした。

部活動における死亡事故の発生確率から考える

　以下の表は，部活動における死亡事故報告から，一定時間各競技を行ったときの死亡事故が発生する確率を計算したものである。「０」に近いほど確率が低い。同じ競技でも中学校よりも高校での方が，高くなっている。活動のレベルが上がるとそれにつれて，死亡に至る大きな事故につながると考えられる。

	陸　上	バスケットボール	サッカー	野　球	バレーボール	テニス
中学校	0.216	0.287	0.237	0.287	0.116	0.19
高　校	0.754	0.689	0.535	0.973	0.506	0.189

	卓　球	ソフトボール	柔　道	剣　道	ラグビー
中学校	0.116	0.163	2.259	0.163	
高　校	0.149	0.637	3.087	1.179	3.616

　出所：内田良「学校事故の「リスク」分析」『教育社会学研究』第86集，2010年。

第6章
校外の活動で…

学校行事は，学習指導要領の特別教育活動に位置付けられ，教育活動の一環として行われている。校外における学校行事や学習は，日常的な教育活動と異なり，普段と違った環境のなかで，楽しみと期待で興奮している児童生徒を引率することになる。

　内田（2008）によると，昭和60年から平成17年までの21年間に，校外学習中の死亡数は，126件，155人にのぼる。1年あたり，平均7.4人の子どもが校外学習中に死亡している。日帰りの場合が68件で68人（年平均3.2人），泊を伴う行事では58件で87人（年平均4.1人）となっている。

　学校生活における校外学習の時間は決して多くないことを考えると，事故の発生率は極めて高い。

　本章においては，校外学習中の事故のうち，「水難事故」と「転落事故」について，死亡事故に至らなくても，重大な事故につながる危険性があることを直視し，どのような状況で事故が発生したのか，防ぐにはどうすればよいのか。さらに，校外学習の下見や緊急事態におけるポイントを考えてみたい。

1 校外学校行事における水難事故

事例1 浜名湖ボート転覆事故（裁判事例）

> 「海難審判について　モーターボートミッカビユースセンター
> 被引カッター転覆事故」（平成25.3.26）
>
> 平成22年6月18日，静岡地方気象台から遠州南に「大雨・雷・強風・波浪・洪水注意報」が発表されるなか，愛知県豊橋市立中学校が静岡県立三ケ日「青年の家」で実施されていた自然体験活動の一環としてカッター訓練が行われた。
> 　1年生18人と教諭二人が乗った手こぎ式カッターボート4艇で行われた。うち1艇に乗船していた生徒が船酔いや強風などのため漕ぐことができなくなり，救助活動のため，モーターボートでえい航中にボートが転覆し，数名の生徒が水中に投げ出され，他の生徒は船底を湖面上に出した同船の中に閉じ込められた。その後4人の生徒を除き，自力で船外に脱出した。乗組員が船内に生徒3名を発見して，一人ずつ船外に連れ出したが，一人の生徒を救いだせず，救助隊が捜索したが見つからなかった。その後，中学1年の女子生徒ひとりが船内で発見され，溺死が確認された。

☞ **学ぶポイント**

海や川等での活動指導の安全管理はどうするの？

―― 判　決 ――

名古屋地裁豊橋支部　和解

　平成24年5月，当該事故で死亡した生徒の両親が静岡県などに損害賠償を求め，名古屋地裁豊橋支部に提訴した。訴訟は12月26日，静岡県が賠償金を支払う内容で和解が成立した。他に豊橋市と訓練施設の運営会社が被告となっていた。指導員が乗船しない自主艇の危険性を十分に認識していなかった責任を市が認め，謝罪するなどの内容で，豊橋市とは10月に和解が成立した。運営会社とも損害賠償金を支払う内容で和解が成立した。26日の静岡県との和解で訴訟は終結した。静岡県は，訓練施設の運営会社と連帯して3400万円を支払う。

静岡県の教育長は「ご両親にあらためておわびする。安全対策の徹底と再発防止に努める」とのコメントを出した。豊橋市長は和解を受け11月に両親に謝罪した。両親は，再発防止に向けた取り組みを問う市長宛ての質問状を提出し回答を求めた。

安全管理

　野外活動等での遊泳及び水遊びの実施にあたって，計画や指導に万全をつくしても，気象状況の変化や児童生徒の体調の変化などによって，事故が起きる可能性がある。

　本事故を受けて，豊橋市教育委員会では，平成22年度末に，「校外学習（行事）の安全管理体制の整備に向けて」を策定した。また，泊を伴う修学旅行・自然体験活動などや遠足・社会見学などの学校行事についても，各学校の実情に応じて校外学習安全マニュアルを作成することとした。さらに，さきの和解条項に基づいて，豊橋市教育委員会は，このこれまでの安全管理体制の整備に向けた取り組みを改めて検証し，その検証と改善の概要を公表している。

　本章の第3節に下見や緊急時の対応のポイントを示した。あなたの学校の実態を見直してみよう。

2 校外学校行事における転落事故

事例2 遠足転落死亡事故（裁判事例）

「遠足転落死亡事故」（浦和地判　平3.10.25）

　遠足で埼玉県自然公園に来ていた大宮市立小学校4年生の女子児童は，公園内の芝生広場で昼食をとった後，付近を走り回って遊んでいたところ，芝生広場の下の方に存在した高さ3.5mの崖から落ちて負傷した。6か月後に外傷性くも膜下出血等によって死亡した。

　両親が，公園の施設管理不備と，引率教員の指導が不十分であったと，埼玉県と大宮市に対して，5300万円の損害賠償を求め提訴した。

☞ **学ぶポイント**

1　下見の段階でできることはなかったの？
2　教師の監督はどうすべき？

判　決

　……小学校における遠足が学校外における行事であって，時として思わぬ危険が存在すること，小学生は未だ判断力，自制心が十分でない上，危険に対処する経験も乏しい反面好奇心や冒険心が旺盛で，行動も活発であるところ，これに野外の遠足に伴い解放感が相乗されやすいことは経験則上明かである。従って，小学校校長及び右遠足の実施に携わる教員には，校内における教育活動以上に児童の安全確保上特段の注意と綿密な準備が要求される。

（中略）

　原則として，現地調査（下見）を実施するなどして，事前に目的地の状況，とりわけ危険な場所・箇所の存在についてよく調査し，現状を正確に把握し，そのうえで，児童に昼食や自由行動を指示するにあたって，それにふさわしい安全な場所を選ぶべき注意義務があるというべきである。

第6章　校外の活動で…

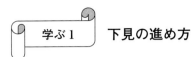　下見の進め方

　普段とは違う場所に出かけるのであるから，下見を行うのは当然である。しかし，ただ行ってみればよいというわけではない。何を下見してくるのかが重要である。第3節でくわしく説明するが，次のような点に注意して下見を行う必要がある。

下見のポイント

○ 移動に際しての手段，所要時間，費用
○ 徒歩の場合の工事箇所，バリアフリーの様子
○ 食事や休憩，活動場所の確保
○ 便所の位置
○ 管理事務所等との打合せ
○ 野外などにおいては，雨や雷などの緊急避難先の確認
○ 人目につきにくい場所の有無

　教師の監督

　引率者は，休憩中であっても，事故が起きないか，児童生徒が遠くに行ってしまったり危険な遊びをしたりしていないかなど，常に行動を把握，見守る必要がある。また，不審者に遭遇しないかなど注意することは多岐にわたる。特に，注意力の乏しい低学年児童や一人でどこかに行ってしまう行動癖のある児童生徒がいる場合には，普段の留意点に加え，その動向には特に注意していたい。

　当日の天候，児童生徒の体調不良など，予測できないことも多い。無理のない計画を立て，準備を周到にして校外学習に臨みたい。実施にあたっては，無理をしないことが大切である。体験させることは必要であるが，冒険させることは疑問である。

> **監督のポイント**
>
> ○ 崖，池，駐車場，道路など危険だと思われる場所には教師が立つ
> ○ 児童生徒の行動範囲をしっかり児童生徒に伝え，必要に応じて，教師が立つ

事例3　男子生徒　落下岩直撃

> **「中2男子生徒　落下岩直撃事故」**（岐阜県　2001年）
>
> 野外学習で，林道をハイキングしていた生徒の列に，高さ20mの斜面の岩肌から岩が崩れ落ち，下を歩いていた生徒を直撃し，生徒は脳挫傷で死亡。この日は朝から雨が降っていたため，一部プログラムを変更し，希望した一部の生徒がハイキングに出ていた。

3 校外学校行事における下見や緊急時などの危機管理ポイント

（1）下見について

　校外での活動は，日常の教育活動と比べて多くの危険が存在する。特に自分で危険を回避することができない子どもを引率する場合，危険を予測し，事故を防止するために，下見や調査は欠かせない。
　① 危険を予測するために，現地及び経路について下見や調査を行う。
　② 事故が発生した場合の対応策についても検討し，必要な準備をする。
　③ 引率に当たっての綿密な計画を立てる。
　④ 必要に応じて事前の説明や指導を行う。

（2）当日の引率

　無理のない計画を立てても現地の状況や児童生徒の体調に応じた適切な判断，対応が求められる。まずは，安全を第一に考え，勇気ある撤退や中止も常に視野に入れて引率する。
　① 気象情報を収集する。
　② 道路，交通状況を把握する。
　③ 児童生徒の体調に気を配る。

（3）事故発生時の対応

　事故が発生し，児童生徒がケガをした時などは，その子どもの手当てをしたり安全を確保したりすることを優先する。しかし，事故後の保護者等への対応が適切でなかったことで，当事者らの感情を損なってしまうことがある。事故後の対応について考える。
　① 児童生徒のケガ等に適切な事後対応を行う。

② 正確に事情を把握する。
③ 関係機関へ迅速に連絡する。
④ 保護者へ連絡する。
⑤ 再発防止策を作成し，実践する。
⑥ 当事者及び周辺の児童生徒へのアフターケアを行う。

特に，保護者には，精神的苦痛への慰謝，不安解消，情報の開示など誠意ある対応が重要である。また，再発を防止する姿勢を示すことも当然である。

（4）事故後の対応

正確な事実関係に基づいた総括を行い，事故の再発防止に努めなければならない。そのために行うことを以下に示す。
① 教職員への事前・事後対応の確認をする。
② 保護者を対象とした説明会，学校だよりなどで情報発信する。
③ 警察や学校医などの関係機関との連携を強化する。
④ 学校保健委員会などで報告する。
⑤ 県市などの教育委員会へ報告する。

第6章　校外の活動で…

7　チェックリスト
(1) 下見・事前チェックリスト

行事名		行事の実施月日
学校名		／　(　)～／　(　)
利用施設名		記載者

下見でのチェック項目【下見実施日① ／ (　), ② ／ (　), ③ ／ (　)】

1	施設の安全管理体制および安全マニュアルと，学校の校外学習安全マニュアルとを比較して，施設職員とともに妥当性を検討したか
2	施設の活動プログラムの実施・中止判断基準と，学校の実施・中止判断基準を，施設職員とともに適切であるか協議したか
3	施設職員と日程等についての妥当性，想定される危険・事故などの情報を交換したか
4	危険箇所の確認と回避策・対応策の検討をしたか
5	避難経路，避難場所，本部となる場所，AEDの設置箇所，人員配置の確認をしたか
6	児童生徒の動きを想定して，施設・移動経路・活動場所の確認と安全点検をしたか
7	通信受信手段（携帯電話，トランシーバー，ラジオ等）の電波状況など確認したか。
8	児童生徒の移動（輸送）方法，乗降の場所，移動場所は妥当か
9	交通機関（鉄道，バス，タクシーなど）や利用する駅などと打ち合わせをしたか
10	緊急時に必要と予想される病院・警察・消防などの場所・電話・内容などを確認したか

事前に確認すべきチェック項目

1	校外学習（行事）およびその活動内容は，学校の教育目標と合致しているか。また，活動のねらいと教育的意義は適切であるか
2	児童生徒にかかる心身両面の負担は適切であるか
3	天候，気温，日没時間を確認したか。また，期日・日程・プログラムに無理はないか
4	予備日や雨天案など，代わりのプログラムは適切に用意されているか
5	活動の内容に対して引率者の人数は適切か
6	引率者の中に，同施設での活動経験者がいるか確認しているか
7	安全や救急に関する担当者や学校待機職員も含めた指導体制は整っているか
8	児童生徒の輸送方法・経路などについて，委託業者や利用する交通機関や駅などと調整されているか
9	下見での情報や安全管理上の引き継ぎ事項，他校の情報などを計画に反映させているか
10	「緊急時対応図」「携帯用マニュアル」は引率者全員分用意しているか
11	緊急時に対応できるように，主たる活動ごとの児童生徒名簿は適切に配備・管理されているか。また施設には提出したか
12	食物アレルギーなど，特別に配慮が必要な児童生徒の把握と対応方法についてまとめられているか
13	上記12の児童生徒に対する配慮事項について，引率者全員が情報共有しているか
14	児童生徒・学校の持ち物は，実施計画案に明記され，適切であるか
15	避難経路（矢印などで示す）と避難場所，およびAEDの設置場所は，児童生徒用のしおりに記載されているか
16	保護者への説明会は実施したか ⇒【　／　(　)】実施
17	実施計画案について，職員会議・学年会などで共通理解され，実施時には全教職員がすぐに活用できるようになっているか（実施時には，電話近くに置かれるなど）

※　活動内容に合わせてチェックすべき事項を考え，追加・修正すること。実施計画案と同時に提出する。

図6-1　下見・事前チェックリストの例（豊橋市）

出所：豊橋市 HP（http://www.city.toyohashi.lg.jp/secure/5165/26.4.1manual.pdf）

3　校外学校行事における下見や緊急時などの危機管理ポイント

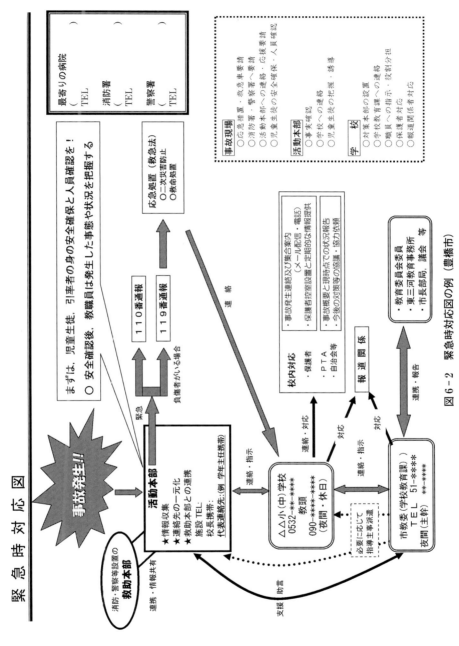

図6-2　緊急時対応図の例（豊橋市）

出所：豊橋市HP（http://www.city.toyohashi.lg.jp/secure/5165/26.4.1manual.pdf）

第7章
施設設備を見直す

「学校保健安全法」27条に，学校に対して安全計画の策定のなかで施設設備の安全点検の責務が課せられている。また28条では，校長に対して施設設備に安全面で不備や支障がある場合は，早急に改善を図ることが義務付けられている。学校設置者に対しても，26条において，施設設備の整備充実に対する必要な措置を講じるように努力義務が課せられている。

　しかしながら，依然として人命にかかわる重大事故は発生しており，施設設備の瑕疵の問題というだけではなく，安全管理や指導の在り方に問題がある場合も多い。

　日本スポーツ振興センターが災害共済給付を行った遊具による死亡事故例は，平成17年度以降，鉄棒で小学生が1名，滑り台で幼稚園・保育園児が3名であるが，何らかのケガをして給付を受けたものは，平成22年度だけでも小学校・幼稚園・保育所に通う3歳以上で4万731件と多い。

　事故の種類別では1位が「落下」（1万6,765件）で41％を占め，2位に「他の児童との衝突」（8,959件：22％），3位に「遊具等との衝突」の順であり，落下と衝突による事故が多いことが特徴的である。

　そこで，本章においては，遊具を含めて施設設備について事故例をもとに管理と指導の在り方を探っていきたい。

1 転落事故

事例1 図書館の窓からの転落事故（裁判事例）

「兵庫県篠山市立小学校小1女子転落事件」（神戸地裁　平24.3.15）

　平成22年6月2日，この日は授業参観日で，五校時終了後に行った全校集会以降，担任と保護者との懇談会をしており，保護者より依頼のあった待機児童十数名については，3階図書館で預かりを実施した。

　最初のうちは本を読んだり，宿題をしていたり，友だちと読み聞かせをしていたが，走り回わりかくれんぼと思われる遊びをしている児童もでてきて，落ち着きのない状況となっていた。

　午後4時前に職員が不在となって以降，女子児童は北側窓の下部にあった本棚に上がり，さらに開いていた窓の窓枠に，室外を背に座るなどしていた直後に転落した。「落ちた」と叫んだ児童の声を聞き駆けつけた女性教諭が発見。事故直後は，呼吸停止，心停止状態であった。心臓マッサージと人工呼吸を行い，救急車を要請，専門の医師と看護師がヘリコプターで到着し，救急救命処置を行ったが，同日死亡した。

　窓は床から1.2mにあり，転落防止用の手摺がついていたという。女子児童は高さ約80cmの本棚に上り，誤って窓から転落したと見られる。待機児童の担当者は，非常勤の職員であり，4時までに帰ることになっていた。職員は教頭に，まだ残っている待機児童がいることを伝えて帰宅した。しかし，教頭は，図書館に行くことができず，結果として，事故発生当時，待機児童を見守る人は誰もいなかった。この転落死亡事故で検察は，当時の教頭を，危険性を予測できたのに，図書館に教職員を配置するなどの適切な監督を怠ったとして業務上過失致死罪で起訴した。

　篠山市教育委員会「篠山古市小学校児童転落事故調査報告」（平成22年9月11日）参照。

☞ **考えるポイント**
　業務上過失致死罪を問われた教頭の対応のどこが問題なの？

第7章　施設設備を見直す

判　決

　教頭という立場の被告には，子どもの安全を守る注意義務があった。しかし図書館の窓から転落する危険性を認識することは容易ではなく，事故は学校の複合的要因が関係しており，すべての責任を元教頭に負わせることはできない。

　検察の禁固1年の求刑に対し，罰金50万円を言い渡す。

教頭の安全注意義務

　この判決では，教頭（学校側）の安全注意義務について認定しているものの図書館からの転落事故に対する危険性の予見については，教頭個人の問題だけでなく，学校組織としての対応について警告をしている。

　では，本件が，教頭の刑事訴訟にまで発展した過失はどこにあったのだろうか。

　まず3階の図書館の「窓際の棚」に問題がある。窓際に棚など容易にその上にのぼることができるような状態で設置することの危険性については，本件発生以前にすでに文部科学省等によって指摘されている。さらに，待機児童は低学年の児童が多いことを踏まえれば，窓のそばに棚があり，禁止されていても棚の上にあがるであろうことは容易に予測できる。そのなかで，改善されなければならないにもかかわらず，改善されていない3階の図書館を使用したことは，リスクが高いことを承知したうえで，何ら対策を取らなかったと解される。

　次に，待機児童の担当者からの引継ぎを受けた時点で，児童の安全管理の面で，次善の策を講じなかったことが指摘される。その結果，待機児童を見守る大人がいない状況が生まれ重大事故へとつながったと判断されている。

　この事例のような事故は，人手不足の学校現場においては，いつ起きても不思議ではない状況であり，安全管理に対して危機意識を募らせた学校も多い。

　神戸地裁の判決では，教頭個人の問題だけではなく，学校の抱える複合的要因を事故原因として指摘している。教職員だけでは児童の安全が確保できない場合には，保護者や地域ボランティア等より多くの人々の人的資源を有効に活用することも組織マネジメントとして大切なことである。

事例2　屋上の天窓落下（裁判事例）

「転落死による事故 〈天窓落下〉」（東京簡裁略式命令　平21.4.9）

　東京都杉並区立小学校で平成20年6月，6年生男子児童が，3階建て校舎の屋上で算数の体験授業中，ドーム形のアクリル製採光用窓（直径1.3m，厚さ4mm）に乗って遊んでいたところ，天窓が割れて約12m下の1階床に落下し死亡した。
　警視庁は平成20年12月，校長は天窓に児童が乗れば破損して転落する恐れがあると知っていたのに，児童が近づかないよう教諭に指示しなかった，また授業を担当していた教諭については，児童に天窓の危険性を注意したり，近づかないよう指導したりせず，事故防止義務を怠った，として，二人を業務上過失致死罪で書類送検した。
　東京区検は，平成21年3月30日，略式起訴で罰金刑を求め，4月9日東京簡裁はそれぞれに罰金20万円の略式命令を下した。

☞ **学ぶポイント**
転落事故を防止するにはどうすればいいの？

転落防止

　天窓落下事故については過去にも5件あり，本件を受けて2010年4月には，文部科学省は「学校における転落事故等の防止について」の通知を出している。
　学校における安全点検の実施と転落事故防止にかかる教職員の意識向上等について依頼するとともに，一連の転落事故を対岸の火事として受け止めている学校現場との乖離を指摘し，警告を発している。
　しかし，それ以降も，平成24年4月には，鹿児島県霧島市で児童が天窓から落下する事故が発生している。屋上への児童の立ち入り禁止などの指導の徹底で対応している場合が多いが，児童の多様な行動様式を踏まえれば，屋上への施錠をはじめ安全柵や防護ネットなどの設置などハード面における安全策が必要である。
　「学校における転落事故防止のために」（文部科学省リーフレット）によれば，安全対策の基本的な考え方として，次の5点を指摘している。

第7章　施設設備を見直す

「学校における転落事故防止のために」

① ソフト面とハード面一体となった取り組み
　○ 腰壁の高さや窓の形状に応じ，手摺の設置や窓の開閉方式を検討
　○ 窓から身を乗り出せば転落する危険があることを子どもに指導
　○ 窓下に足がかりとなるものは設置しないこと
　○ 転落防止用手摺の設置は新たな危険個所にならないように指導
　○ 暗幕など窓の開閉状態が判別できないものの使用は窓の開閉状況を確認
② 事故情報の共有
　○ 全国の学校事故に関する転落事故情報を適切に把握し，個別の安全対策を進めること
③ 学校の現状把握
　○ 学校関係者・専門家をはじめ子どもや保護者など様々な視点で点検
　○ 危険な個所が見つかったときは，速やかに対応
　○ 柵を乗り越えたり，樋を伝わったりして危険な場所へ行かない指導
④ 安全指導の充実
　○ 転落事故の危険性について子どもたちに認識させ，危険な行動をとらないように指導
　○ 校内安全マップを子どもたちと一緒に作成するなど具体的でわかりやすい指導
　○ 子どもたちが普段使用しない場所で活動するときは，事前に点検を実施し，必要な措置を講じた上で教職員が同席
　○ 特に事故が多発している休憩時間中や放課後に，定期的な巡回指導
⑤ 施設面の配慮
　○ 屋上への出入り口は，必要に応じて施錠。屋上には十分安全な手摺や防護フェンス等を設ける。
　○ 天窓には転落の危険性を周知徹底するとともに，上部に絶対に乗らないように指導。防護柵や内部に防護ネットを設置し，安全な構造とする。
　○ バルコニーにはその下に足がかりとなるものを設置しない。また庇（ひさし）へ立ち入り禁止の指導を徹底すること。

　　　　　　　　　　　　　　　　　　　　　　　文部科学省リーフレット　2008年8月

2　遊具による事故

（1）瑕疵による事故

事例3　ロープ遊具柱折れ

> 「大垣市ロープ遊具柱折れ」
>
> 　平成19年7月11日午前10時半ごろ，岐阜県大垣市立小学校の校庭で，ロープを使った遊具で遊んでいた児童13人が転落してケガをした。ケガをした児童は，3年生から5年生の男女で，1人が頭を切り，1人が肩を打撲，11人が擦り傷を負った。いずれも命に別状はない。
>
> 　遊具は約9m離れた2本の木製柱（高さ4m）の間に3本のロープが水平方向に渡されている。児童何人かが一番下のロープを揺らしていたところ，柱1本が根元から1.35mのところで折れて転落した。事故が起きた木製遊具は，業者が3月に遊具点検を行っていたが，タイヤで隠れ腐食が進んでいたため折れたとみられる支柱部分は点検しなかったという。

☞ **考えるポイント**
　遊具の瑕疵による事故における管理責任はどこまで？

　平成24年8月24日，岐阜県警は点検を怠ったとして業務上過失傷害容疑で，点検を請け負った会社の専務ら3人と元校長の計4人を書類送検した。
　折れた支柱を鑑定した民間研究機関が「長期間にわたり腐食が放置されており，事故は予見できた」との結論をまとめた。業者が簡略な点検だけをしていたなど，元校長にも管理責任があると判断した。

第7章　施設設備を見直す

　遊具の管理責任

　施設・設備の安全点検は,「学校保健安全法」27条,および施行規則28条,29条に定められているように施設設備の点検は安全な環境確保のための重要な業務である。近年では,学校の責任がさらに重く求められるようになってきている。

　平成24年4月に文部科学省で策定された「学校安全の推進に関する計画」においても,学校に設置された遊具による事故等の発生を注視し,学校における安全点検の項目で,学校施設設備の経年劣化等による危険個所の点検・確認を法令に基づき確実に行うとともに,支障があると認めたときは,遅滞なく,その補修・修繕等の改善措置を講じることを求めている。

「学校保健安全法施行規則」28条（安全点検）
1　…毎学期1回以上,児童生徒が通常使用する施設及び設備の異常の有無について系統的に行わなければならない。
2　学校においては,必要があるときは,臨時に,安全点検を行うものとする。

「学校保健安全法施行規則」29条（日常における環境の安全）
　…設備等について日常的な点検を行い,環境の安全を確保しなければならない。

　本件において,元校長が「業務上過失傷害」に問われていることからも明らかなように,学校の管理責任である遊具の安全管理が,長期にわたって疎かにされていたことは重大な過失であり,逸脱行為であるとみなされたのである。

　このように,遊具の点検について「業者任せ」で対応している学校もあるであろうが,教師自身が,子どもの目線にたって遊具の安全点検を行うことが必要であることをこの事故はあらためて示したものである。

　各市町村において,安全管理に関する点検場所,点検方法,点検の観点などが表などにまとめられて提示されている。点検結果については,教職員で危険個所だけではなく,事故につながるような危険な遊び方等の情報も併せて,しっかりと共有し,より多くの目で子どもの安全を見守る学校でありたい。

　また,遊具事故の発生の報道等があった時には,自らの学校に同類の遊具がないか確認し,設置している場合は,施行規則が求めているように必ず「臨時」で

2　遊具による事故

点検を行う。

（2）固定遊具からの転落による死亡または重大事故

事例4　固定遊具からの転落事故

○ 小1女子児童鉄棒からの転落事故（平成17年）
　体育の授業中，低鉄棒の上に腰をかける体勢から飛び降りる運動をしていた際，鉄棒から前向きに落下した。教師は他の児童を指導しており，見ていなかった。
　鉄棒運動は20分間，その後約10分間ボール運動を行い，整理運動をしたあと，児童が左上腕部の痛みを訴えた。保健室で嘔吐したので病院へ搬送。脳出血で手術したが中枢神経突然死で死亡した。

○ 小4女子児童うんていでの事故（平成24年）
　昼休み，運動場でうんていをして遊んでいた。自分のパーカーの袖をうんていに結びつけた状態で遊んでいると，パーカーが首にかかってしまい，ぶら下がった状態になった。すぐに，病院に搬送し，治療を受けたが数日後に死亡した。

○ 小3男子児童ジャングルジムでの事故（平成19年）
　リコーダーのテストのとき，順番が来るまで運動場でリコーダーの練習をするように指示され，ジャングルジムの上にあがり練習していた。自分の番が来たので降りようとしているとき，後頭部をジャングルジムの鉄に打ち，反動で頭が前に倒れ，持っていたリコーダーの先が下前歯に当たり負傷した。

（日本スポーツ振興センター「学校事故事例検索データベース」）

☞ **学ぶポイント**
固定遊具による事故防止のための指導ポイントは？

　**指導ポイント**

　子ども自らが固定遊具における遊びや活動のなかで，危険を予測し，自他の安全に配慮して安全な行動をとることができ，さらには，自ら危険な環境を改善で

123

きる児童生徒に育てることが目標となる。

　そのためには，まずは子どもの発達段階を踏まえ，幼稚園や保育所または小学校低学年では，遊具の正しい使い方や衝突を避けるためのルール等をきめ細かく徹底して指導する必要がある。

　また，未然事故例（ヒヤリハット）や身近な事故例等を紹介し，危険な場面を絵や写真などで示して，子ども自身が危険に気づき，どうすれば安全かを考える指導をすることも重要である。特に，固定遊具における事故の多くは，「落下」「児童との衝突」「遊具との衝突」である。先に挙げたジャングルジムや鉄棒における事故例などを参考にして，指導を行ってみよう。

　遠足や野外活動等の校外活動においては，公園などの遊具を使用する場合もある。遊具の安全性を確認したうえで使用を許可することが必要である。特に回旋塔遊具で旧式のものについては，次のような事故も発生しているので十分に気を付けたい。

事例5　回旋塔遊具指切断

「公園の回旋塔遊具指切断」

　新潟県見附市の南児童公園で，23日午後2時頃，「ジャングルブレーン」と呼ばれる回旋型遊具で遊んでいた6歳男児が指先を切断する大ケガをした。

　男児が遊んでいた回旋型遊具は，高さ約2mの金属製の支柱に，直径2mと同約1.6mの二つの金属製の輪を支柱に鎖でぶら下げてあり，輪につかまって回転して遊ぶものであり，事故直前まで男児は輪の上部に座っていたらしいが詳細は不明。回旋塔型遊具は15年以上前に設置されたものであった。

新潟日報（平成21年8月24日）より

天井等落下について統計から考える

　文部科学省の研究協力者会議による「学校施設における非構造部材の耐震対策の推進に関する調査報告書」によると，東日本大震災によって，施設設備から物が落下する事故が多く発生している。

　特に，天井の落下（脱落）は，もし児童生徒がいるときであれば，大きな事故につながる恐れがある。校舎では脱落被害は150件，屋内運動場では152件で，うち全面脱落が25棟，一部脱落が88棟発生していた。また，屋内運動場では，天井に取り付けられている照明やスピーカー，バスケットゴールなどの設備の落下も発生しており，児童生徒の上に落下すると重大なケガを引き起こす。

　しかし，こうした施設設備に係る落下は，地震の時だけに発生しているわけではない。次に示すように，設置の問題や老朽化，整備不十分などさまざまな理由で，日常でも発生することがある。

　文部科学省から出されている通知や点検マニュアルなどをよく見て，あなたの学校の施設設備に問題がないか点検しておこう。

事例6　体育館照明の落下

「照明落下事故」

　平成26年7月1日午後4時半頃，愛知県岡崎市立中学校で，体育館2階通路に台座にねじで固定設置されていた円筒形の照明器具（直径30センチ，重さ10キロ）が約4メートルの高さから落下，バスケットボール部の練習中だった3年女子生徒の後頭部に当たり，3針縫うケガをした。

　照明器具は。風にカーテンがあおられ，照明器具に当たって落ちたらしい。

第7章 施設設備を見直す

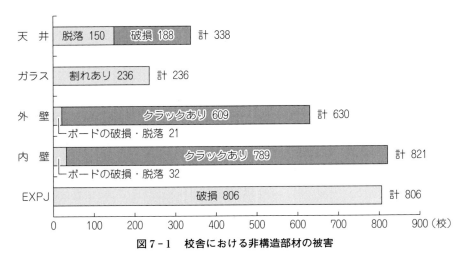

図7-1 校舎における非構造部材の被害

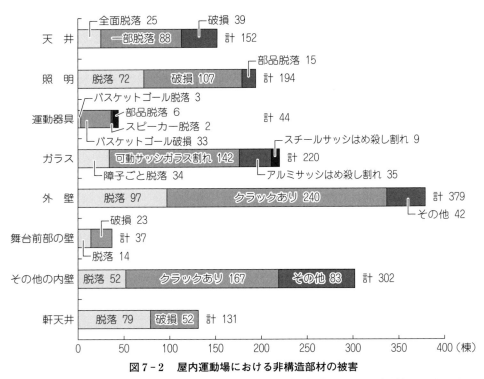

図7-2 屋内運動場における非構造部材の被害

出所：文部科学省 学校施設における非構造部材の耐震対策の推進に関する調査研究ワーキンググループ「学校施設における非構造部材の耐震対策の推進に関する調査報告書」（平成26年3月）

2　遊具による事故

> **事例7**　窓サッシ落下

「福岡市　設置方法等の問題による学校における窓サッシ落下事故」

○平成21年12月　　　　区立中学校　廊下の窓サッシ落下　乗用車直撃
○平成22年2，3月　　 区立中学校　2件落下事故
○同年6月　　　　　　区立中学校　体育館の窓サッシ落下
○同年11月　　　　　 区立小学校　体育館の窓サッシ落下

福岡市「学校施設窓サッシ事故検証検討会報告」（平成23年5月）

第8章
自然災害時に…

2011年3月11日に発生した東日本大震災による被害は，地震後に押し寄せた津波による被害拡大，さらには原発放射能事故とも関わって長期間にわたる避難活動を余儀なくされたことなど，かつてないほどの複合的かつ大規模な災害となり，復興が遅れている。

　この大震災は，多くの児童生徒が校内に残っていたり下校途中であったなかで発生したことから，大規模災害下における学校安全の在り方について多くの教訓を私たちに与えてくれている。

　また，近年，異常気象の影響により天候が急変することも度々である。大雨・洪水・暴風等の警報発令時等の対応については，各市町村で「学校の休校」「保護者による引き取り下校」など細かな規定が取りまとめられているが，急変に対応するためには状況に応じて適切，柔軟に判断することも大事である。

　そこで，本章においては，甚大な被害を与える大規模災害における学校安全の在り方と天候の急変への対応について考えてみたい。

1 地震・津波

（1）東日本大震災の教訓

　ここではまず，2012年3月に発表された「東日本大震災における学校等の対応等に関する調査報告書」を参照に，地震発生直後の避難対応の状況を確認しておこう。

　調査報告書によれば，地震発生時，児童生徒が在校していた学校の割合は，特に小学校で9割と高く，この日，卒業式が行われた中学校でも6割であった。一時避難行動（揺れが続いている間の避難）としては，「机の下に潜り，机の脚をしっかり持った」が74.4％と高く，次いで「大きな柱のそばで身の低い姿勢をとるなど，場所や状況に応じた行動をとった」が49.3％であり，実施されている避難訓練内容にそった行動が多くの学校で取られていた。

　その一方で，「恐怖と不安でパニック状態になった」が11.7％あり，報告書は「小学校では，避難行動マニュアルを規定していた学校ほど，児童が『恐怖と不安でパニック状態になった』割合が低くなっている」「中学校では避難訓練を実施いていた学校ほど『机の下に潜り，机の脚をしっかり持った』避難行動が行われた」と指摘している。また二次避難行動（揺れが収まった後の安否確認等のため集合させるなどの避難）が，93.3％の学校で実施された。

　地震発生後の児童生徒等の下校に対しては，「児童生徒等を保護者等へ引き渡し，下校させた」学校等が79.3で最も高く，「教職員が児童生徒等の安全な下校が確認できるまで学校で待機した」が44.7％である。「教職員を通学路へ配置して，児童生徒等を見守った」「安全な下校が困難であると判断し，児童生徒等を学校内に待機させた」と回答した小学校，中学校も多い。

　この震災では，地域によっては安否確認に多くの労苦が伴った。壊滅的な被害が発生した地域もあれば，通信手段がなかなか回復しなかった地域も存在したからである。教職員の避難所まわり，友人・近隣の方の情報による確認，掲示板への掲示といった直接的な手法が用いられた。原発事故発生地域では，避難地域が広大であったため，さらに多くの困難に見舞われた。

震災当日、児童生徒の帰宅困難状況は、26.2％の学校等で発生した。沿岸部では46.9％、内陸部でも11.3％の学校等で、このような事態に陥っていた。この割合は中学校や高校で高くなり、通学範囲が拡大すればするほど帰宅困難者が多くなると考えられる。直接的な建物等の被害が少なかった東京都などでも交通機関が止まったり道路が大渋滞したりして、多くの帰宅困難者が発生した。こうした事態に備えた震災時の水や食事（非常食）、暖房機器（特に電気を使わない暖房器具）や防寒具、宿泊用意（生活維持用品）など、備蓄の確保の在り方も各学校には問われている。調査報告書によれば、被災地域で帰宅困難な児童生徒等に対応するための備蓄品があった学校等は、わずかに16.1％であった。

（2）津波からの避難

事例1　石巻・日和幼稚園バス送迎事故（裁判事例）

「石巻・日和幼稚園バス送迎事件和解事例」（仙台高裁　平成25.12.3　和解）

　宮城県石巻市日和幼稚園園児12人を乗せた幼稚園のバスは2011年3月11日午後3時ごろ、海に近い石巻市南浜町方面に向けて出発した。7人を降ろして保護者らに引き渡した後、園に引き返す途中の午後3時45分ごろ、同市門脇町付近で津波に巻き込まれ、4～6歳の園児5人が死亡した。

　園児4人の遺族が園側に対して高台にある園から津波が直撃した南浜、門脇町方面に向かってバスを走らせたこと、門脇小に停車していたバスに教員2人が追い付きながら園児を徒歩で高台に避難させなかったことで、「安全配慮義務を怠った」として計約2億6700万円損害賠償を請求して提訴した。

　平成25年9月13日仙台地裁判決では、「巨大地震発生後の津波に関する情報収集義務を園長が怠った結果、園児の津波被災を招いた」として幼稚園側に計約1億7700万円の支払いを命じた。

　園側は判決を不服とし仙台高裁に控訴した。その後、2014年12月3日、仙台高裁で園側が法的責任を認めて謝罪し、計6000万円を支払うことで和解が成立した。防災体制が不十分だったとして幼稚園側が法的責任を認めて遺族に謝罪した。和解条項には「園児らの犠牲が教訓として記憶にとどめられ、後世の防災対策に生かされるようにする」という高裁の和解勧告の理由を付記した。

1 地震・津波

| 事例2 | 大川小津波犠牲事故（係争中）

> **大川小津波犠牲賠償事件**（係争中仙台地裁）（平成26年（ワ）第301号）
>
> 　2011年3月11日の地震発生後の約45分間，大川小の校舎は海岸から約4キロの内陸にあった大川小の教職員は，児童に校庭で待機するよう指示をし，児童と教職員はその後，校庭近くの北上川堤防付近に逃げようとしたが，午後3時37分ごろに津波が到達し，児童74人が死亡・行方不明になり，教職員10人も死亡した。在籍児童108人中70人が死亡，4人が行方不明となった。第三者の検証委員会は74人のうち2人は欠席と早退で，別の場所で犠牲になったとしている。
>
> 　遺族側は，(1)教職員は地震後に行政無線などで津波情報を知ったのに，児童を危険性の高い校庭にとどまらせた，(2)避難場所を定めた大川小の危機管理マニュアルは他校の丸写しで，震災前に改訂しなかったなどとし，児童23人の19遺族が石巻市と宮城県に23億円の損害賠償を求め，平成26年3月10日仙台地裁に提訴した。
>
> 　訴訟の第1回口頭弁論が19日，市と県は請求の棄却を求めた。市側は「児童が津波に巻き込まれることは予測できなかった」「いったん校庭にとどまるよう指示し，その後に避難させた教職員の対応に過失はなかった」と反論し，県も「大川小付近には津波の来襲記録がなかった」などと主張した。
>
> 　大川小をめぐっては，第三者の事故検証委員会が2月の最終報告書で，「避難の意思決定が遅れ，北上川堤防付近を避難先に選んだことが直接的な要因だ」とする見解をまとめ，3月に市に提出している。

☞ *学ぶポイント*

「危機管理マニュアル」による訓練のポイントは？

　東日本大震災では，時間的に下校途中で津波に巻き込まれたケースが最も多く，保護者とともに自家用車で下校中に津波に巻き込まれたというケースも多い。

　事例1は，幼稚園からの降園中のスクールバスが津波に巻き込まれたケースであり，事例2は，学校からの避難中に多くの児童が津波に巻き込まれて死亡・行方不明となったケースである。

　事例1では，「防災体制が不十分だった」として幼稚園側の法的責任を認め，和解条項には「園児らの犠牲が教訓として記憶にとどめられ，後世の防災対策に生かされるようにする」とする裁判長の和解勧告理由が付されるという異例な事

態となった。

　また，係争中の事例2では，市教育委員会の情報公開の在り方や聞き取りメモ等の不適切な取り扱いがあったとする保護者の意見もある。

 釜石の「奇跡の授業」

　東日本大震災では，多くの児童生徒が津波によって命を落とした。その数は600人以上に上る。すでに下校した後で自宅から避難する際に津波に巻き込まれたケースも多数報告されている。

　大規模災害に直面した場合に緊急的な避難行動をどのようにとるのか，保護者との連絡体制をどう整備しておくのかなどを，日常的に確かめつつ，各学校においては学校の実態にあった「危機管理マニュアル」を作成しておく必要がある。また各学校は，大規模災害を想定した避難訓練を保護者や地域と共同で実施するなどの取り組みを進めることが望まれる。

　地震・津波等の大規模災害が歴史的に繰り返し発生している地域では，地域の中にさまざまな言い伝えが残されていたり，実際にお年寄りが体験していたりする場合もある。郷土学習等の教育活動と防災対策を連動させる工夫も必要である。

　こうした中で，下校後の児童を含めてひとりも被災者を出さなかった釜石小の「奇跡の授業」が注目されるようになった。日常の教育活動を通じて徹底した津波や防災に関する教育を行い，児童生徒らが想定された避難場所が危険であることを自らが判断し，さらに安全な場所に自主的に避難したことによりすべての児童生徒が津波による危険を回避することができた。その指導方法から学ぶ点は多い。具体的にどのような指導がなされているのか参考にしよう。

2　大雨・洪水・暴風・雷

事例3　サッカー試合中の落雷事故（裁判事例）

「サッカー大会試合中の落雷事故事件」（高松高裁　平18.9.17）

大阪府高槻市で平成8年8月，高槻市体育協会が主催していたサッカー大会の試合中，高知市の私立高等学校のサッカー部員として参加していた男子生徒に落雷が直撃し，視力障害，両下肢機能の全廃，両上肢機能の著しい障害等の後遺障害を負った。被害生徒の家族は，在籍していた私立高校の学校法人，市，市体育協会及び市サッカー連盟に対して約6億4600万円の損害賠償を求めて提訴した。

最高裁判決（平成18年3月13日）では，部活動に際し，担当教諭は，できる限り事故の危険性を具体的に予見し，当該事故の発生を未然に防止する措置をとり，クラブ活動中の生徒を保護すべき注意義務を負うとして，原審を破棄，差し戻した。その後，高松高判（平成18年9月17日）で，差し戻し控訴審判決があった。

裁判長は「落雷発生を予見することは可能で，サッカー部の引率教諭や市体育協会，大会の会場担当者らは注意義務を怠った過失がある」などとして，原告敗訴の1審判決を変更，将来のリハビリ費用を含む計約3億700万円の支払いを命じた。

判決は「教諭や会場担当者らは生徒の安全にかかわる事故の危険性を予見し，防止する措置をとる注意義務を負う」と指摘し，その上で，「試合開始前に雷鳴が聞こえ，雲間の放電も目撃されていたことなどから，雷鳴が大きな音でなかったとしても，教諭らは落雷の危険を具体的に予見できた」とした。

事例4　野球試合中の落雷事故

「扶桑町野球部練習試合中落雷高2死亡」

平成26年8月6日愛知県下高校で，別の高校と野球の練習試合をしていた。1試合

第8章 自然災害時に…

目の後,昼食を挟んで午後12時40分ごろに2試合目を開始した。大粒の雨が降ってきたため,2回表の攻撃中の12時50分ごろ,5分ほど試合を中断したが,雨がやみ,晴れ間が出たため再開した。2回裏の相手高校の攻撃で当該男子生徒が最初の打者に3球目を投げた直後の午後1時15分ごろ,マウンド上で雷に打たれた。男子生徒は病院に搬送されたが,多臓器不全で死亡した。他の部員らにケガはなかった。

この日は愛知県全域に午前中から雷注意報が出ていたが,学校は発令を把握していなかった。名古屋地方気象台によると,落雷当時,当該地域付近は大気の状態が不安定で,急速に雷雲が発達していた。高校ではグラウンドのバックネットの支柱の上に避雷針計12本を設置して備えていたが,マウンドまでの距離があったためか,事故を防げなかった。

☞ **学ぶポイント**
突然の天気の変化はどのようにして知ればよいの？

 **新しい気象条件**

突然の落雷に対する危険予測には難しさもある。しかしながら常に最新の気象情報に注意を払いながら子どもの安全を最優先に考え行動することができれば,決して防ぎえないものではない。落雷に関する仕組みについてはまだまだ未解明な点も多いため,今後,新しい知見が見出される可能性がある。情報を摂取し続ける必要がある。

気象庁のホームページやウェザーニュースといったサイトで最新の雷情報や竜巻情報を提供している気象条件その他を分析して,落雷の可能性を知らせる「雷警報機」も開発されてきており,市町村によっては各学校への設置をすすめているところもある。日常から学校全体でこうした情報サービスを活用することが望ましい。しかしながら,雷警報機の精度はまだ十分に高いとはいえない。担当教員の判断力がなおも重要な要素であることを自覚したい。

近年では,長期間にわたって温暖化現象が進み,これまで体験したことのないような大型で強い台風の飛来,局所的に強い雨が降り続くゲリラ豪雨,また多量の雨による土石流の発生などが各所で頻発するようになった。

さらには今後,竜巻の発生数も増加するとの見通しもある。竜巻や雷は,積乱

雲やストームの急速な発達によってもたらされるものであることから，たとえば児童生徒の登下校時に予測できないままに発生する可能性もありうる。普段から児童生徒に対し，登下校中に竜巻や雷が発生した場合にどの場所に避難するのが安全なのかを指導するとともに，家庭との連絡・連携の仕組みを整備しておくことが重要である。

終　章
学校の安全と危機管理

1 危機管理の観点

　ここまで，学校事故の事例を挙げて，それぞれの事故を防ぐためにどのような指導や対応を行うべきかについて述べてきた。
　ここでは，各学校における危機管理のサイクルにおけるポイントのみをおさえることとする。

① 予　見

　学校の安全について，文部科学省の通知やさまざまな報告書で示されている。しかし実際には，同じ校種，あるいは同じ規模の学校といえども，各学校で立地，施設設備，教職員及び児童生徒の実態等は異なる点が多い。各学校で検討する意味はそこにある。
　各学校で，発生した事故の事例だけではなく，未然事故事例（ヒヤリハット）についても確認し，検討の必要のあるものを洗い出す必要がある。原因特定のカギを握る事故当事者から情報を得ることは対策を考える上で，非常に重要になる。あなたの学校では，その情報を引き出しにくくなるような対応や雰囲気を作り出してはいないだろうか。

② 予　防

　「危機認識の共有化」というが，実は学校では，それ以前の「何が危険か」自体をわかっていない教職員も少なくない。まずは，「何が危険か」の共通認識を持つことができれば，危機管理は成功したといえる。
　「方針・手段の共有」では，方針が理解・共有できていなければ，マニュアルは単なるマニュアルで終わってしまう。方針を理解し，そのためにどのような手段が取られているのかを理解し，認識を共有していれば，状況に応じて，各教師が適切な判断と対応をすることが可能となる。

③ 回　避

　「定期的な確認・点検」では，修理などの状況の情報を共有することが，新たな事故を防ぐ上でも不可欠である。また，情報を共有することで，点検の担当者

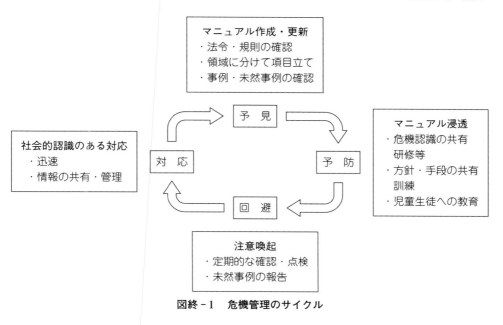

図終-1　危機管理のサイクル

や担当場所を越えて，教師のだれもが目を向けることになり，危険対策への意欲につながり，精度を上げることになる。

「未然事例の報告」については，「予見」でもふれたが，未然事例には多くの情報が含まれており，非常に重要である。ほとんどの事故は「ヒューマン・エラー」によって発生している。関わった教師の能力不足や注意不足として責任を追及することで終わらせるのではなく，だれにも起こりうることとして捉えることが大切である。あなたの学校では，ためらわずに報告できる雰囲気がつくられているだろうか。

④ 対　応

「迅速」な対応が望まれる。しかし実際の学校では，適切な対応を考えるあまりに，時間がかかってしまったということもあるのではないだろうか。適切な対応や慎重な姿勢は大切ではあるが，「迅速」であることと相反するものではない。普段からの予見や予防，回避を十分に行うことで，実際に事故が発生したときにも「迅速」に「適切な」対応につながる。

その際，「時間の流れは立場によって異なる」ことに特に留意する必要がある。児童生徒に関わる事故のときには，保護者は非常な心配と不安のなかで学校からの情報を待っている。こうした保護者の1時間がどれほど長く感じられるものかに思いを至らせて，十分配慮して，対応することが大切である。

終　章　学校の安全と危機管理

　「情報の共有・管理」は普段から大切であるが，事故が発生した場合，特に重要になる。緊急時ほど，情報をよく整理して，教職員で情報の共有化を図る。当然ではあるが，現代社会において情報は隠しきれるものではない。学校の立場から，社会的認識を踏まえて，公表する情報としない情報に分けて，情報の公表の対応は教頭等で一元化するべきである。
　「自分の対応は誠実な対応だろうか」，と自らに問いかけてみよう。

2 学校安全に関する資料

（1）学校安全に関する指針や通知

① 学校安全全般に関するもの
○「心肺蘇生等の応急手当に係る実習の実施について（依頼）」（平成26年8月13日26ス学健第22号）
○「通学路の交通安全の確保の徹底について（依頼）」（平成24年5月30日24ス学健第6号）
○「登下校時における幼児児童生徒の安全確保について（依頼）」（平成20年5月7日20ス学健第5号）
○「登下校時における幼児児童生徒の安全確保について」（平成19年7月23日19ス学健第10号）
○「登下校時における児童生徒の安全確保のための路線バス等の活用について」（平成18年2月17日17文科ス第423号）
○「登下校時における幼児児童生徒の安全確保について」（平成17年12月6日17文科ス第333号）
○「幼児児童生徒の安全確保及び学校の安全管理について」（平成17年11月25日17ス学健第12号）
○「幼児児童生徒の安全確保及び学校の安全管理についての点検項目」（平成13年8月31日13文科初576号）

② 転落事故に関するもの
○「学校における転落事故等の防止について」（平成22年4月15日22ス学健第1号）
○「学校における転落事故防止の留意点について（送付）」（平成20年8月29日20ス学健第25号）
○「学校における転落事故等の防止について（依頼）」（平成20年6月20日20ス学健第16号）

終　章　学校の安全と危機管理

③ 交通安全に関するもの
○「道路交通法の一部を改正する法律の一部の施行等に伴う交通安全指導の徹底について（依頼）」（平成20年6月9日20ス学健第11号）

④ 熱中症事故等の防止に関するもの
○「熱中症事故等の防止について（依頼）」（平成26年5月19日26ス学健第6号）

⑤ 学校施設に関するもの
○「学校施設の整備に関する指針について」（平成26年7月25日施設企画課）

（2）文部科学省の報告書等

○中央教育審議会スポーツ・青少年分科会学校安全部会（平成26年度）「学校の安全教育の充実について（審議のまとめ）」（平成26年11月19日）
○「学校給食における食物アレルギー対応に関する調査研究協力者会議　最終報告」（平成25年3月）
○平成24年度非常災害時の子どもの心のケアに関する調査報告書（平成25年8月）
○「運動部活動の在り方に関する調査研究報告書」（平成25年5月27日運動部活動の在り方に関する調査研究協力者会議）
○「通学路の交通安全の確保に関する有識者懇談会意見とりまとめ」（平成24年8月8日）
○「学校における体育活動中の事故防止について（報告書）」（平成24年7月）
○「東日本大震災における学校等の対応等に関する調査研究報告」（平成24年5月29日）
○「学校防災マニュアル（地震・津波災害）作成の手引き」（平成24年3月）
○「暴力行為のない学校づくりについて（報告書）」（平成23年7月　暴力行為のない学校づくり研究会）
○「地域ぐるみの学校安全体制整備実践事例集―学校・家庭・地域社会が連携した防犯対策を中心に―」（平成23年3月）
○「小・中学校における交通安全に関する調査報告」（平成21年3月）
○「学校施設における事故防止の留意点について（第一次報告）」の取りまとめ（平成20年12月25日）

○「学校の危機管理マニュアル―子どもを犯罪から守るために―」（平成19年11月 文部科学省）
○「犯罪から子どもを守るための対策」（平成17年12月20日 犯罪から子どもを守るための対策に関する関係省庁連絡会議）
○「学校安全のための方策の再点検等について」（平成17年3月31日 安全・安心な学校づくりのための文部科学省プロジェクトチーム）
○「学校施設の防犯対策に関する調査研究報告書」（平成16年9月社団法人 日本建築学会文教施設委員会 学校施設の防犯対策に関する調査研究委員会）
○「学校安全緊急アピール―子どもの安全を守るために―」（平成16年1月 文部科学省）

（3）関連サイト

○独立行政法人日本スポーツ振興センター 学校安全Web
　　www.jpnsport.go.jp/anzen/
○公益財団法人「日本学校保健会」 学校保健ポータルサイト
　　www.gakkohoken.jp
○独立行政法人国民生活センター 子どもサポート情報
　　www.kokusen.go.jp/mimamori/kmj_mglist.html
○JAF「危険予知・事故回避」
　　www.jaf.or.jp/eco-safety/safety/kyt/index.htm

執筆者紹介（五十音順，＊印は編者）

＊石井　拓児（いしい・たくじ，愛知教育大学）　序章1・第8章

　小田　義隆（おだ・よしたか，近畿大学）　序章2

　白井　正康（しらい・まさやす，愛知教育大学）　第5章・第7章

＊添田久美子（そえだ・くみこ，和歌山大学）　序章1・第3章・終章

　安井　克彦（やすい・かつひこ，名古屋学芸大学）　第4章

　山内　雅夫（やまうち・まさお，愛知教育大学）　第2章・第6章

　山田　淳夫（やまだ・あつお，愛知教育大学）　第1章

事例で学ぶ学校の安全と事故防止

2015年3月20日　初版第1刷発行　　　　　　　〈検印省略〉

定価はカバーに
表紙しています

編著者	添　田　久美子
	石　井　拓　児
発行者	杉　田　啓　三
印刷者	中　村　知　史

発行所　株式会社　ミネルヴァ書房
607-8494 京都市山科区日ノ岡堤谷町1
電話(075)581-5191／振替01020-0-8076

© 添田・石井ほか，2015　　　中村印刷・清水製本

ISBN 978-4-623-07336-8

Printed in Japan

学校のための法学［第2版］——自律的・協働的な学校をめざして

篠原清昭 編著　　　　　　　　　　　　　　　　　Ｂ５判　248頁　本体2500円

●教育基本法改正をはじめ，大きな変化の中で，今後の現場と法とのかかわりや課題について体系的にわかりやすく解説する。

教職をめざす人のための　教育用語・法規

広岡義之 編　　　　　　　　　　　　　　　　　　四六判　312頁　本体2000円

●190あまりの人名と，最新の教育時事用語もふくめた約860の項目をコンパクトにわかりやすく解説。教員採用試験に頻出の法令など，役立つ資料も掲載した。

これからの学校教育と教師——「失敗」から学ぶ教師論入門

佐々木司・三山　緑 編著　　　　　　　　　　　　Ａ５判　190頁　本体2200円

●教職「教育原理」「教職の意義等にかんする科目」向けの入門書。各章末で，現在教壇に立つ現場教員の「失敗・挫折」を扱ったエピソードを紹介，本文と合わせて，そこから「何を学ぶのか」，わかりやすく解説する。

教職論［第2版］——教員を志すすべてのひとへ

教職問題研究会 編　　　　　　　　　　　　　　　Ａ５判　250頁　本体2400円

●「教職の意義等に関する科目」の基本テキスト。教職と教職をめぐる組織・制度・環境を体系立ててわかりやすく解説した，教職志望者および現場教員にも必読の一冊。

新しい教育行政学

河野和清 編著　　　　　　　　　　　　　　　　　Ａ５判　250頁　本体2500円

●「教育行政学」の基本テキスト。新しい法，制度についてわかりやすく解説する。教育改革の最新動向と欧米諸国の教育行政制度についても紹介。

ミネルヴァ書房
http://www.minervashobo.co.jp/